AF174319

LA ORFANDAD DE LOS PADRES

TEZONTLE

LUIS GONZALO DÍEZ

La orfandad
de los padres

*Ideas, fábulas y apuntes
de un presente proscrito*

FONDO DE CULTURA ECONÓMICA

Primera edición, 2025

Díez, Luis Gonzalo
    La orfandad de los padres. Ideas, fábulas y apuntes de un presente proscrito / Luis Gonzalo Díez. — Madrid : FCE, 2025
    215 p. ; 21 × 14 cm — (Colec. Tezontle)
    ISBN 978-84-375-0850-4

    1. Ensayo 2. Paternidad – Aspectos sociales – Siglo XXI 3. Sociedad y cultura – Siglo XXI 4. Literatura española – Siglo XXI 5. Sociología – Siglo XXI I. Ser. II. t.

LC HQ756   Dewey 306.874 D385o

Distribución mundial

© 2025, Luis Gonzalo Díez

D. R. © 2025, Fondo de Cultura Económica de España, s. l.
Calle Fernando el Católico, 86; 28015 Madrid
www.fondodeculturaeconomica.es
editor@fondodeculturaeconomica.es

Fondo de Cultura Económica
Carretera Picacho-Ajusco, 227; 14110 Ciudad de México
www.fondodeculturaeconomica.com

Diseño de portada: Laura Esponda Aguilar

Se prohíbe la reproducción total o parcial de esta obra, sea cual fuere el medio, sin la anuencia por escrito del titular de los derechos.

ISBN 978-84-375-0850-4
DL M-19739-2025

Impreso en España · *Printed in Spain*

ÍNDICE

1. ADIÓS, *EMILIO*

MI HIJO no es *Emilio*, el personaje creado por Rousseau para explayar su teoría educativa, y creo que si el indignado ginebrino lo hubiese tenido entre sus manos sabe Dios que hubiese terminado por rendirse a la evidencia de una naturaleza recalcitrante.

¿Habría sido diferente mi hijo de haberse educado en la republicana y calvinista Ginebra? Quizás, aunque también puede ser que le hubiese birlado al rey Arturo su fogosa consorte como un Lancelot con móvil. Me temo que mi hijo anda ya en busca de su Ginebra y, lo que es peor, se deja llenar la cabeza con las licenciosas fantasías e imaginaciones de niñas emancipadas y absolutamente imprevisibles como las de la actualidad. Un día vino a casa diciéndonos a su madre y a mí, él, que no explica ni comunica, sino que, como mucho, gruñe, que su amiga china y adoptada se había dirigido a la clase para manifestar que era un chico. Y esto nos lo contó con esa misteriosa naturalidad con que, hoy en día, la chavalería habla de estas cuestiones. Entre sus nuevos hábitos, está el caminar por la calle cogidos del brazo y ducharse con insistencia por temor a que el mal olor corporal infecte su ropa de marca.

Mi hijo, además, se enfrenta a la mayor de las influencias de esta vida: una hermana mayor. Si quieren ustedes asistir a la prueba práctica de lo que es la Inquisición, el miedo y la censura, no se pierdan el momento en que mi hija, cuando mi hijo se dispone a salir en busca de su Ginebra, sale disparada de la habitación, se planta en la puerta con los brazos en jarras y la mirada adusta de Calvino y, tras supervisar su indumentaria, le obliga a cambiar de camiseta, pantalón o zapatillas. El réprobo, que torea a su madre y se burla de su padre por su color tostado diciéndole si llegó a casa en una patera, sale con el rabo entre las piernas para desordenar sus cajones hasta que encuentra la prenda deseada.

¿No lo ven ustedes con claridad meridiana? Mi hijo está poseído por las fantasías de su presente de un modo frívolo y desaforado, vive literalmente en las *opiniones* de sus pares y ha entronizado el poder satánico de su hermana como si esta representase el espíritu del mundo. A esto se le une que tiene unos primos de matrícula de honor que me tienen subyugado. Buenos, austeros, razonables. Visten con ropa de Decathlon, y el mayor le llegó a decir a mi cuñada cuando le quiso regalar unas zapatillas de 60 euros que si se había vuelto loca o qué, que con unas de 30 euros iba que chutaba. No hace falta añadir que si a mi hijo le regalas una sudadera Quechua te manda con los quechuas, a los que, a diferencia del indignado ginebrino, no les llamaría buenos salvajes, sino, en su lenguaje desinhibido, pobres e inmigrantes.

Menuda joya, pensarán. Bueno, yo que soy hombre de altibajos y dudas emocionales, he llegado a racionalizar la situación de mi hogar, en el que el espíritu del mundo corre desbocado y me azuza incluso cuando duermo, tomando conciencia de que la religión es una cosa y el comercio, otra. Me explico. *Emilio* vale para los primos. Les voy a regalar el libro, aunque sus padres no lo necesitan porque Rousseau les parecería blandito. Mi problema, mi único problema, surge de constatar, haciendo un uso libre de la frase anterior sobre la religión y el comercio, la inocencia y el capitalismo, que la educación es una cosa y la tecnología, otra. ¿Educación para estas abejas inflamadas por toda suerte de comercios digitales? La ropa, las niñas, la hermana mayor y el móvil han desen-

cadenado algo en la incipiente adolescencia de mi hijo
que no cabe rasurar como el bozo. Uno de sus inconfesables amores es, como dice él, facha y admira a Vox. Causa y efecto: mi hijo nos ha comunicado que quiere ponerse una pulserita rojigualda. En este patriótico asunto,
me equivoqué porque le regalé una sudadera con la dichosa banderita al comprarla en mi lugar de trabajo, que
es un sitio más bien ultra. El muchacho, al que no duden
que quiero como a la más extraña de mis pertenencias,
está en proceso de españolizarse, y eso ya es algo en un
mundo tan turbio como el actual. Aférrate a esa piedra,
hijo mío, que, con principios, aunque sean folklóricos,
podremos hacer de ti un hombre de provecho. ¿No decía
acaso Juan de Mairena, prototipo de la educación ilustrada y progresista, que él era un folklorista?

Hubo, tiempo atrás, cuando el indignado ginebrino
andaba rumiando sus jeremiadas, una *Querella de las Mujeres* propiciada por la manera en que las nuevas formas
de consumo estaban liberando el deseo femenino y ame-
nazando los pilares de la sociedad. Esta feminización llevó
a un médico holandés aterrizado en la ciudad de pecado
que era Londres, autor de una obra escandalosa titulada
La fábula de las abejas, a certificar la emancipación de la
mujer y a defenderla frente a los puritanos que guardaban
el honor y el pudor. Las vírgenes desenmascaradas de-
mostrarían que las pasiones igualan a hombres y mujeres,
y que los juegos sexuales de estas con afeites y modas,
por poco religiosos que sean, forman parte del espíritu
del mundo, convirtiendo al honor y el pudor en viejas y
nostálgicas máscaras ginebrinas.

¿Y si, en la actualidad, fuésemos testigos de un último
giro de tuerca a la emancipación del género humano en
forma de una *Querella de los Adolescentes*? Si antaño fue el
contraste entre religión y comercio lo que dio pie al reconocimiento del deseo femenino; hogaño, ¿no podría

ser el contraste entre educación y tecnología lo que nos permita, finalmente, asumir la contemporaneidad de nuestros hijos? Los móviles disparan la fantasía de los adolescentes y les hacen entrar en la colmena de la opinión ajena, del deseo de gustar y gustarse, de la afirmación de sí mismos a partir de una extrema desposesión respecto de sí mismos.

Aquel médico holandés afincado en Londres dejó para la posteridad una frase de oro: la prosperidad y la inocencia son opuestos irreconciliables. Así que, adiós, *Emilio*. Mientras el interfecto no se españolice hasta el punto de enviarme de vuelta a África, doy por amortizada mi condición de educador, y me acepto como un administrador tolerante y bienintencionado de los paradójicos efectos de la prosperidad en el alma adolescente.

2. EL NEOLOGISTA PROMETEICO

I

EL USO indiscriminado de neologismos que fuerzan el lenguaje y provocan un efecto de artificialidad se ha vuelto frecuente en nuestra sociedad en cuanto instrumento para la defensa de distintas causas sociales, como la crítica del "heteropatriarcado" o del "especismo". Detrás de este uso orientado ideológicamente, se percibe el aliento prometeico de un servicio benemérito a la sociedad, una honda preocupación por contribuir a su bienestar y a la destrucción de todas aquellas actitudes, hábitos y mentalidades que bloquean su perfeccionamiento.

El neologista prometeico sería un filántropo opuesto a la indiferencia, la indolencia y el conformismo, que asigna a su creatividad lingüística un carácter performativo y, por consiguiente, hace de ella la bandera de una nueva sociedad. En el arte del neologismo que hoy nos abruma por doquier, cabe detectar el propósito de reformular nuestra experiencia de lo social, empezando por la manera en que nombramos dicha experiencia. La cruzada prometeica y benemérita del neologista sería, en el fondo, una cruzada cultural que asumiría que los cambios sociales profundos empiezan, siempre, por un cambio de la mentalidad dominante y hegemónica. De ahí su obsesión con las palabras, pues sabe que en las palabras radica el núcleo fundamental de la batalla contra el machismo, el especismo, el etnocentrismo o el racismo. Acostumbremos a la gente a hablar de un modo distinto al habitual, parece querer decirnos, y habremos logrado que la gente empiece a ver el mundo con una nueva mirada, es decir, a no tolerar comportamientos que, hasta entonces, le habían pasado desapercibidos en su significado discriminador por hallarse ocultos bajo un velo con sabor a opio.

El neologista prometeico sería, por encima de todo, un pedagogo social ideológicamente motivado cuya filantropía consistiría en liberarnos de nuestra falsa conciencia y facilitarnos el acceso a un oasis de justicia, igualdad y libertad, donde podamos ser humanamente diferentes en condiciones de absoluta transparencia. Es decir, en una sociedad no viciada por ningún obstáculo cuyo purgado diccionario de referencia daría testimonio de la inexistencia de dominación, falsa conciencia y, sobre todo, culpa. Pues al fin, nuestro neologista es tan activo, se mueve tanto, piensa tan poco y resulta tan verbalmente incontinente porque vive, y nos quiere hacer vivir, abrumado por su sentimiento de culpa ante los males del mundo.

No quiero convertir esta reflexión de lejanos resabios jesuíticos en un panfletillo reaccionario opuesto a tantas y buenas causas, campañas y reivindicaciones como salpican actualmente nuestras sensibles y susceptibles sociedades. Solo pretendo poner el foco en cómo dichas sociedades han convertido el arte del neologismo en una especie de símbolo genérico de su poder de inventiva a la hora de imaginar un mundo mejor. Ese arte lo identifico no solo con la puesta en circulación de nuevas palabras, sino de nuevas posibilidades de vida en sociedad cortadas por el patrón de la igualdad. Creo que, en este sentido, nuestra imaginación pública está llegando a unas cotas sorprendentes de histeria niveladora.

El arte del neologismo implica experimentar posibilidades inéditas y emancipadoras hasta que la lógica del imperativo de igualdad no haya dejado muro por derribar, ni torre por conquistar. El delirio cultural desatado por aquel imperativo, del que da cuenta el doble pensamiento del lenguaje democrático, alma flotante imposible de fijar en un punto de equilibrio y cordura, es la causa de que descubramos aberraciones tras cualquier esquina y de que nos planteemos como algo natural ocurrentes *neologismos* para extirpar dichas aberraciones, como, por ejemplo, promover la retirada de un cuadro por representar a una niña ingenuamente insinuante o condenar en las redes sociales a supuestos acosadores y violadores sin ninguna garantía judicial. Esos *neologismos* darían cuenta de dos características del tipo de mundo en que vivimos: la capacidad creativa e inventiva como valor público de referencia, que ha condenado al ostracismo el reconocimiento de una cierta prudencia y restricción a la hora de perseguir nuestros sueños de mejora, y el rigorismo lógico y puritano en la aplicación indiscriminada del imperativo de igualdad, para el cual los procedimientos legales y judiciales son poco menos que molestos guijarros en el zapato que dificultan la ejecución sumaria de aquel imperativo.

II

La creatividad imprudente y el rigorismo extrajudicial que conforman una parte fundamental de nuestra imaginación pública, de la manera en que nos entendemos a nosotros mismos y razonamos y debatimos sobre los asuntos que nos interesan, se opondrían drásticamente a la aceptación acrítica de las actitudes, hábitos y mentalidades heredados del pasado, y fomentarían una deconstrucción sistemática de aquellos en cuanto fuente de dominación y explotación. El arte del neologismo sería, por consiguiente, la virtud social de poner a cero el contador de la historia, acabar definitivamente con el mundo en que vivieron nuestros abuelos e, incluso, nuestros pa-

dres y erigir una realidad purgada de todos aquellos
aspectos inconciliables con la obsesión igualitarista que
prevalece hoy en día. De esta manera, lo que se estaría
predicando es que la sociedad vendría a ser un producto
de laboratorio, el resultado intencional y planificado de
una serie de acciones guiadas por la voluntad de poder
de unos grupos sobre otros. Y, como tal producto de laboratorio, enmendable y corregible si estamos persuadi-
dos de la legitimidad y necesidad de abortar semejante
ensayo histórico y sustituirlo por las buenas intenciones
de quienes buscan una sociedad concebida sin pecado
original, en la que ya no tengamos que vivir abochornados
y culpabilizados por determinados abusos. Una sociedad
liberada y emancipada, pero ¿verdaderamente libre en el
sentido no de tener unos principios, sino de poder cues-
tionarlos sin censuras ni autocensuras?

Resulta llamativo el modo en que el arte del neologismo, y aquellos que lo han convertido en la bandera de su
creatividad pública, borra de un plumazo la idea ilustrada según la cual la sociedad es resultado de la acción
humana, pero no de la intención humana. El neologista
prometeico oficiaría el culto de un *racionalismo construc-
tivista* para el cual la sociedad, en vez de una malla inextricable de intenciones y consecuencias imprevistas hecha y rehecha una y otra vez a lo largo de la historia sin
hallar nunca su forma mejor y definitiva, constituiría una
tabla rasa a disposición de la voluntad humana. Sea la
voluntad dominante y explotadora que el neologista iden-
tifica con las herencias del pasado, sea la voluntad eman-
cipadora e igualitaria que ve materializada en sus cruza-
das regeneradoras. Tanto en un caso como en otro, la
sociedad es siempre *lo que queremos que sea*. Con lo que el
asunto crucial consiste en lograr que deje de ser *lo que
quieren los malos* y pase a ser *lo que quieren los buenos*. Ahí
residiría el núcleo emocional y la justificación intelectual

y moral que define a buena parte del activismo contemporáneo, cuya santidad está a prueba de bombas.

Debido al oscurecimiento del pensamiento ilustrado, tan reacio a formular juicios históricos basados en la distinción entre buenos y malos, santos y réprobos, desatendemos ineptamente la prudencia mínima exigible a la hora de llevar a término las reformas que estimamos necesarias, incluso cuando estas pasan por encima de la presunción de inocencia y despliegan su tempestad justiciera impulsadas por la certeza de estar en posesión de la verdad. Si la sociedad, lejos de ser un objeto indescifrable por su propio carácter abigarrado y complejo sobre el que debemos intervenir con precaución para no remediar un mal creando otro, se transforma en un hecho cuyo sentido resulta transparente y completamente accesible a nuestro conocimiento, nada impide que nos dejemos llevar por el entusiasmo cuando procedamos a extirpar este o aquel otro *tumor* según el dictado de nuestras buenas intenciones. Siendo estas el salvoconducto mediante el cual despejamos el horizonte de obstáculos para, así, realizar nuestro plan sin ningún límite ni restricción. Y ¡ay! de quienes traten de entorpecerlo porque las buenas intenciones que animan dicho plan los desacreditarán *ipso facto* como defensores pecaminosos del ayer histórico y su insidiosa desigualdad.

Con todo esto, no estoy diciendo que no haya reformas indispensables para acabar con ciertas lacras del pasado, ni que buena parte de las campañas que promueven una mayor igualdad carezcan de sentido. Lo que estoy diciendo es que hay personas, grupos y colectivos que, literalmente, han enfermado con el imperativo de igualdad y lo han convertido en el motor de una cruzada cuyos absurdos lingüísticos (miembros y miembras, portavoces y portavozas) constituirían la metáfora de una vida purgada de defectos, perfecta y modélica y, por ello, profun-

damente absurda, extravagante y anormal. Vida en la
que, por decreto del neologista prometeico, los animales
tendrían derechos como las personas, la distinción entre
hombre y mujer sería un residuo biológico sin apenas
trascendencia en nuestro comportamiento, los premios
de los certámenes literarios o cinematográficos se divi-
dirían y subdividirían en las categorías necesarias para
que nadie se sintiese discriminado (Oscar al mejor actor
blanco, negro, amarillo, rojo...), los museos, como el régimen estalinista hacía con las fotografías, eliminarían de
los cuadros de Velázquez, Rubens o Rembrandt las imágenes ofensivas para la sensibilidad contemporánea o la
Universidad, debido a la presión de los grupos minorita-
rios y de sus autoerigidos portavoces, expulsaría a aquellos profesores recalcitrantes que no se resignasen a
explicar las obras inmortales de una tribu africana en vez
de las grandes obras de Platón, Kant y otros pálidos blancos del mismo jaez.

Llama la atención que estos creativos e imaginativos
ensayos de una vida mejor se encuentren cortados por el
patrón cultural de la identidad. Como si fuese nuestra
pertenencia a un determinado grupo la credencial básica
de lo que somos. Este colectivismo que atenta de modo
tan flagrante contra el principio de libertad individual
halla su razón de ser en el hecho de que el neologista
prometeico está poseído por la manía de clasificarlo todo.
Solo clasificándonos y reclasificándonos una y otra vez
según la lógica de la identidad, el imperativo de igualdad
podrá satisfacer su pulsión última, que no es otra sino la
de sacarse de la chistera una sociedad perfectamente or-
denada y transparente en la que cada cual ocupe el espacio cultural que le corresponde. Y ello dentro de una gran
y diáfana línea horizontal que impondría una temible
nivelación auspiciada por la buena intención de clausurar
cualquier mínima posibilidad de dominación y explota-

ción. Una y otra, manifestaciones de ese diabólico poder
engendrado como una costra histórica durante siglos y
siglos de racismo, patriarcado, etnocentrismo y especismo, y responsable de la discriminación racial, sexual, cultural y animal contra la que se dirige la inventiva del
neologista prometeico.

Cuando este se pone a cortar y pegar con el deseo de
hacernos un traje a la medida, antes o después terminará,
de manera lógica, previsible e ineluctable, exigiendo que,
por ejemplo, cada Oscar se subdivida por criterio de género, raza, edad, color del pelo, preferencia sexual, gustos
gastronómicos, condición civil, nivel formativo y así hasta el infinito a fin de que ninguna posibilidad de agrupar
a las personas alrededor de una identidad específica quede marginada del reconocimiento que se merece y pueda
sentirse discriminada y ofendida. Esta monomanía clasificatoria, que tanto se relaciona con el diseño de una sociedad racional y liberticida, sería una de aquellas consecuencias de la pasión por la igualdad que ni siquiera el
genio visionario de Tocqueville llegó a anticipar. Posiblemente, porque era un hombre intelectualmente sano
cuya imaginación para el desastre daba para mucho, pero
no para tanta ridiculez ordenancista como la actual.

III

Tras las referidas monomanía y pasión, se perciben los
contornos de una rusoniana *utopía de la desesperación social*
que nos envuelve con sus notas de puritanismo, histerismo y sobreactuación. Y digo utopía en el sentido de que
la desesperación social se nos puede ir de las manos y
sembrar en nuestra cabeza la certidumbre irreal y fan-
tástica, base última de la paranoia del neologista, de un
mundo poblado por fantasmas ideológicos que, para elu-

dir su alargada sombra, nos obligan a promover campañas por las que transpira el ánimo inquisitorial de un rigorismo exacerbado. Ya sabemos que los estados anímicos pueden ser el peor de los tiranos y hacernos ver con ojos grises una realidad que, en sí misma, más allá de nuestra melancolía, no tiene por qué ser gris. Imaginemos qué es lo que sucede cuando esa misma y subjetiva mirada, suspicaz y desconfiada, se transforma en la punta de lanza de la crítica social, de nuestro deformado conocimiento de la realidad y de la acción política que fundamos en dicho conocimiento. Evidentemente, nada bueno saldrá de este activismo emocional tan alejado del uso racional del pensamiento como instrumento de mejora de lo existente. Pues esta mejora difícilmente se logrará a través de campañas histéricas motivadas no tanto por su sed de justicia como por su espíritu justiciero, que condena en las redes sociales a sus señaladas víctimas mediante un sonoro corte de mangas a los procedimientos establecidos en un Estado de derecho. Cuando uno está en posesión de la verdad y vive embargado por la complaciente sensación de su superioridad moral, sobran las leyes, los jueces y todo lo que limite la acción expeditiva de la *justicia antisupremacista*. De tal modo que, por una penosa paradoja, el "socialmente iguales, humanamente diferentes y totalmente libres" que predicaba Rosa Luxemburgo como el emblema de su utopía social nos deposita en un viejo y conocido lugar llamado *Edad de las Tinieblas*.

Si, al final, después de dar tantas vueltas, hemos regresado al mismo sitio del que partimos y comprobamos, como diría Jim Goad, el genial autor de *Manifiesto Redneck*, que las nuevas tolerancias se parecen mucho a la vieja intolerancia, convendría dejar de buscar el elixir de la vida social como profetas obstinados en la pureza y sustituir nuestra sobreactuada desesperación por un talante menos narcisista y más estoico. Pues detrás del neo-

logista prometeico, dominado como está por una imaginación pública que sufre el mal de la tabla rasa, la manía
clasificatoria y la desesperación social, uno percibe el aroma inconfundible del *aquí estoy yo para arreglar las cosas.*

3. EL ALMA Y LA SOCIEDAD

I

LOS INSTANTES finales de la vida de Anna Karénina, cuando desesperada por lo que cree el abandono de su amante y su supuesto enamoramiento de una mujer más joven, se dirige a la estación en que se terminará arrojando a las vías para ser arrollada por un tren, componen un paroxismo antisocial. En esos instantes, de un modo intenso que capta con precisión el estado de ánimo exasperado de Anna, el mundo alrededor de ella parece cobrar vida como una fantasmagoría punzante y dañina. Cualquier gesto, conducta o simple movimiento de un cuerpo ajeno se traducen en la atribución, por parte de una psique atormentada, de un significado maligno. Como si la sociedad, en el arco completo de sus revoluciones, exudase toda la ponzoña y el envenenamiento que rezuman del alma de Anna. Cuya inclinación al suicidio mezcla el despecho provocado por Vronski con el asco que la sociedad en su conjunto, desde lo más alto a lo más bajo de la misma, suscita en una mujer destruida.

Tal paroxismo antisocial, que recuerda por su intensidad paranoica la mente sumida en la sospecha y la acusación del Rousseau de *Las confesiones*, viene precedido por dos hechos cruciales en la vida de Anna: la renuncia de su marido a concederle el divorcio y la custodia de su amado hijo, y el ostracismo impuesto a una aristócrata rusa en los salones de Moscú y San Petersburgo debido a su decisión de abandonar marido e hijo e irse a vivir con su amante. Este, por su parte, disfruta de la libertad que esa misma sociedad noble niega a Anna por ser mujer. Y esta libertad posiblemente sea el reproche más amargo que Anna le hace a Vronski, mucho más que la falsa acusación de haberse enamorado de otra mujer. Karénina sabe lo que vale como ser humano independiente e inteligente, sabe lo que ha afrontado, sabe a lo que se ha expuesto y lo único que exige a su amante, aparte del vínculo sentimental, es la capacidad de entender que su independencia debe constituir un destino común. Y que el ostracismo y la vergüenza de la mujer en los medios aristocráticos han de ser asumidos por el hombre como prueba de su amor renunciando a su libertad, y midiendo esta por el mismo y mezquino rasero con que se rebaja la libertad de la adúltera.

Pero Vronski no comprenderá hasta el final, una vez producido el fatal desenlace, con qué ser humano le había emparejado el destino. Él mismo termina formando parte inconsciente y culpable de esa sociedad contra la cual Anna trata de afirmarse a través de un heroico acto de voluntad. Vronski aparece solo un momento antes de desvanecerse en otro tren en el que, al frente de un grupo de voluntarios, marcha a defender a los hermanos eslavos de la opresión otomana. Ese Vronski captado en un claroscuro es un hombre derrotado, demacrado, sentenciado, con la marca de la muerte dibujada en el rostro. El Vronski roto que Anna, en su paroxismo antisocial, deseaba morbosamente dejar como el principal y abyecto legado de su suicidio. Pues la talla humana descomunal de esa alma femenina en rebelión contra un determinado mundo social no resulta ajena a los aspectos más turbios y sombríos del corazón humano.

Así como el Rousseau de los textos autobiográficos, el que vive entregado a la paranoia de que "la pandilla holbachiana" ha tejido un complot contra él y ha manipulado a la opinión pública para persuadirla de que es un hombre malvado, comete toda suerte de desafueros morales en sus expeditivos y deformados juicios sobre los que fueron sus amigos; Anna se entrega a su exasperación reaccionando con virulencia contra todo aquello que ve y siente de camino a la estación y, sobre todo, se deleita en la venganza del suicidio, en el acabamiento inexorable de Vronski. Un hombre al que le dio su amor para huir de un matrimonio fracasado, y del que recibió a cambio el abandono privilegiado del adúltero en una sociedad construida para tapar sus faltas y escarnecer a la adúltera.

Para Tolstói, la sociedad es una "fuerza bruta". Del mismo modo que Anna experimenta su influencia hasta ser acorralada por ella, su marido, un hierático y vacío funcionario, no sabe cómo afrontar el adulterio. Vronski maneja la situación sin demasiados contratiempos, pero el marido no es el amante, y la sociedad se muestra más despiadada con el primero que con el segundo. La fuerza bruta de aquella se abate sobre el fiel cumplidor de las normas que es el funcionario encuadrando su condición de hombre engañado en un vacío social. No es que el marido de Anna sufra el ostracismo, pero sí la falta de un criterio claro para administrar aquello a lo que la decisión de su esposa le ha abocado. De ahí que, en el triángulo formado por marido, esposa y amante, el primero encarne la dimensión más volátil y fluida.

La personalidad del funcionario oscila entre el tono altivo y displicente que dimana de su orgullo profesional y posición social, la súbita y fugaz recaída en la compasión cuando Anna es atendida por él al dar a luz a la hija de Vronski y la conversión a un cristianismo de salón, dominado por una influyente aristócrata enamorada secretamente del funcionario. Esta relación sublime y pestífera que huele a alcanfor transforma al marido de Anna en un obsequioso neófito que hace lo que le dicen. Y lo que le dice su creyente amiga es que debe negarle el divorcio a su esposa y la custodia de su hijo y así, aunque esto no se lo confiesa al funcionario, ocasionarle todo el daño posible. Evidentemente, solo el divorcio podría rehabilitar socialmente a Anna y es tal rehabilitación lo que el convencionalismo cristiano al que sucumbe el funcionario proscribe con saña y rencor desusados.

El marido de Anna queda fuera de cuadro por la situación en que se halla. La sociedad le condena al vacío innombrable de un espacio confuso, el del esposo engañado. En tal espacio, al funcionario se le presentan dos posibilidades: la del sentimiento y la del convencionalismo cristiano. La primera es flor de un día, pero basta para captar en ese hombre adusto, frío y protocolario un fondo bueno, honesto, bondadoso.

El personaje de la novela que explorará ese fondo en su particular odisea es Levin. Aquí tenemos un ser humano antagónico a Anna, al heroísmo individualista y exasperado de esta, pero de la misma talla espiritual. Levin es un hacendado, hombre de campo atormentado por la manera de involucrar a los campesinos en el aprovechamiento de sus tierras. Lo sorprendemos al comienzo de la novela en dos momentos que definen sus posteriores vicisitudes y elucubraciones. Primero, siendo rechazado por una jovencísima Kitty enamorada de Vronski, que pronto, a su vez, sufrirá el desprecio de este tras quedar deslumbrado por la presencia de Anna en un baile. Segundo, participando en su propiedad en la siega de malas hierbas. Un Levin despechado regresa a su hacienda, a su mundo, tras su infructuosa incursión en ese otro mundo que es la sociedad urbana en busca de una mujer amada con la que poder casarse. Este Levin orgulloso y abatido encuentra en el trabajo con los campesinos la energía que le ha sido arrebatada.

En la descripción de la siega a lo largo de una jornada, Tolstói pulsa la tecla del corazón de Levin quien, mucho

más que buscar una mujer para casarse con ella y amar-
la, anhela desentrañar el sentido de la vida. Qué debo
hacer, cómo debo vivir, piensa enardecido por el esfuerzo un hombre que, en compañía de otros hombres, trabaja en el campo y saborea la verdad de una forma de
vida ajena a los convencionalismos. Cómo hacer para que
estos hombres asuman las innovaciones agrícolas sin
que sus costumbres se vean alteradas. Pues Levin, que
es lo contrario de un intelectual y solo tiene voluntad,
inteligencia y sentimientos torpes y nobles, ha comprendido que todas las conversaciones sobre la reforma del
campo, todos los planes de mejora, todos los intentos
de traer a Rusia las innovaciones técnicas europeas se
estrellan una y otra vez con la misma piedra: el campesi-
no ruso, sus hábitos, su forma de trabajar la tierra, su
mentalidad.

Tolstói pone en movimiento a Levin, le hace danzar
en diferentes escenarios. Así, le vemos participar en conversaciones de alto voltaje intelectual sobre los males
del campo y del campesinado, a las que siempre reaccio-
na con el escepticismo del hombre práctico que desea
concluir su libro sobre tan arduas y esquivas cuestiones.
Le vemos arrastrado por las circunstancias a dar su voto
en una asamblea provincial de la nobleza, elecciones en
las que será objeto de rechifla al descubrirse su falta de
criterio a la hora de votar y su torpeza en la elección de la
bola negra o la roja con que dirimir su voto. Le vemos
rindiendo visitas a hogares donde no tiene ni idea de
qué hablar y siente sobre él las perplejas y hurañas miradas de los señores y sus feas hijas. Pero también le vemos en otras dos circunstancias que desbordan su via-
crucis social y añaden a este una dimensión espiritual:
la muerte de su hermano y el matrimonio con Kitty tras
deshacerse el equívoco de su primer intento. En estas
dos circunstancias, Levin levanta el vuelo y se pone al

nivel de la siega. La muerte, el matrimonio y la posterior paternidad compensan sobradamente, en su profundo y misterioso significado, los vaivenes, el desconcierto y las torpezas de su incursión en la sociedad. Es ahí, como en la siega, donde Levin parece llegar a un punto de estabilidad, de conformidad consigo mismo, los otros y el mundo.

Pero Tolstói da una última gira de tuerca. Levin, que ha comprendido la verdad del campo, del campesinado ruso y del trabajo como fuerza moral, que se ha casado por amor y tiene una mujer que le adora, que ha entendido la muerte en los ojos agradecidos de su díscolo hermano, cuidado por Kitty con la devoción de una criatura extremadamente buena y generosa, que ha sido padre y ha logrado sentirse como tal una vez pasado el primer momento de desconcierto ante aquella masa de carne roja y chillona, tiene deseos de suicidarse, vive con dudas y angustias para las que no encuentra respuesta, ni cura. Siente que los deseos satisfechos del marido, el hermano, el padre y el propietario preocupado por sus trabajadores no bastan para ser feliz, y que vivir consiste en arrastrar un fondo de infelicidad, de inquietud; en aprender a convivir con dicho fondo según buscamos la solución a un enigma insoluble. La plenitud de la vida de Levin estriba precisamente en esa tensión entre la felicidad doméstica y la inquietud espiritual.

II

En *Anna Karénina*, retumba una enseñanza que contrasta hasta cierto punto con nuestra experiencia social y hace que esta cobre un significado un tanto diferente del habitual. Quiero decir que la lectura de esa novela contribuye a esclarecer tanto la sociedad del siglo XIX

como también los puntos de fuga, los ángulos muertos de
la nuestra.

El tema de que la sociedad puede destruir al hombre,
y más cuando el ser humano del que hablamos es una
mujer, lo tenemos hoy perfectamente claro. Cabe discer-
nir en el personaje de Anna una víctima del machismo
imperante en aquellos tiempos, un ejemplo de cómo un
medio hipócrita dominado por el egoísmo de los varones
era capaz de anular y conducir al suicidio a una mujer
tan independiente y de tan poderosa voluntad como Karénina. Aquí la novela habla a nuestra época con premo-
nitoria elocuencia y justificaría en gran medida el proceso social conducente a la emancipación de la mujer y la
igualdad de esta con el varón en términos de un recíproco reconocimiento.

Ahora bien, Tolstói no solo arguye que la sociedad
puede destruir al hombre con la violencia de una fuerza
bruta, sino algo quizá menos evidente, pero igualmente
importante en la economía moral de la novela: que la sociedad nunca podrá colmar la medida de la felicidad humana. Por mucho que, frente al convencionalismo, como
termina haciendo Levin, tejamos un mundo familiar y
laboral socialmente decente, diáfano, satisfactorio en que
poder desenvolvernos como seres realizados, siempre
quedará un resto de inquietud que confrontar con la sociedad transparente que hemos sido capaces de crear,
con aquel Clarens ideado por Rousseau como quintaesencia de la autenticidad doméstica. De alguna manera
no del todo clara, Tolstói estaría afirmando que el destino del hombre puede ser malbaratado por la sociedad,
pero que dicho destino no pertenece a esta incluso cuando la misma ha sido completamente humanizada. Como
si el hombre, el alma del hombre, pudiese sufrir los in-
fortunios sociales hasta el punto de autodestruirse sin
llegar nunca a descubrir, en la felicidad social, el hori-

zonte de su perfeccionamiento, siendo este un asunto ajeno al empeño por vivir en una sociedad mejor, menos hipócrita, más justa e igualitaria.

Quizá hoy en día vivamos obsesionados con el poder destructor de la sociedad, con la vieja herencia de los desafueros cometidos con los diferentes, las minorías, las mujeres. Y, al inclinar tanto la balanza hacia este lado, hemos dado pie a engendrar una visión emotiva y beatífica de la igualdad que actuaría como epítome de esa plenitud sin tacha que llamamos autorrealización, empoderamiento, derecho a decidir sobre lo que somos, a ser lo que sentimos que somos.

Este idealismo social brilla por su ausencia en la novela de Tolstói. No porque no exista en ella una reivindicación de la libertad de la mujer y una crítica de la fuerza bruta de la sociedad, sino porque esa reivindicación y esa crítica se conjugan de un modo natural y complejo con un rebajamiento de la sociedad en cuanto espacio fundamental de realización humana. Esta es inmune a ese espacio porque la inquietud que la atraviesa hace de la vida social un avatar sin trascendencia en el oscuro camino del perfeccionamiento. El alma no entiende de matrimonio, paternidad, fraternidad, trabajo; como tampoco entiende de igualdad, empoderamiento, identidad, género, estilos de vida o autorrealización. Su reino no es social, sino espiritual y, por ello, su felicidad, esquiva e inalcanzable, no arraiga en el suelo de los deseos satisfechos, sean los de hombres y mujeres del siglo XIX o del XXI.

Que Tolstói haya escrito una novela tan perspicaz a la hora de captar los límites de la experiencia social obedece a razones que escapan a cualquier tentativa de explicación. Pero que nosotros estemos tan ciegos ante la ambivalencia de esa experiencia, y seamos tan expeditivos en nuestros juicios negativos sobre ella y en las altas expectativas depositadas en ella una vez regenerada quizá obe-

dezca en parte a un hecho concreto. Me refiero a cómo
el Estado, las políticas estatales, se ha adueñado de nuestra conciencia social. Hoy en día resulta difícil pensar y
afrontar cualquier problema social al margen de la alargada sombra del Estado, de ese Estado democrático y de
bienestar que parece tener la responsabilidad de promover la igualdad y fomentar la felicidad. Esto ha llevado a
una situación en que la sociedad se percibe como un me-
canismo político reducible a unas cuantas operaciones
de ingeniería pública que, con la orientación adecuada,
rendirán los frutos previamente planificados.

Lo que quiero decir es que la estatalización de la conciencia social, fenómeno tan característico del siglo xx y
del engrandecimiento del Estado en dicho siglo, ha provocado, junto con otros muchos factores, un empeque-
ñecimiento de dicha conciencia, una rutinización de la
misma, un férreo esquematismo de las opciones sociales
en juego y, por ello, una pérdida lamentable de complejidad en nuestra comprensión de la sociedad.

Tal complejidad, con toda su carga de ambivalencia,
es lo que rezuma *Anna Karénina*. Por expresarlo en los
términos que estamos utilizando: la manera en que Tolstói explora las explosivas relaciones entre el alma y la
sociedad no se halla *estatalizada*, no es binaria, ni mecá-
nica pues es una manera que afronta la vida social en su
confrontación con el espíritu, abocando a este a la destrucción o a una felicidad finalmente insatisfactoria. Pensase lo que pensase Tolstói de la sociedad, esta dilucida
en su novela el carisma de una fuerza bruta, pero también
apaciguadora; la doble condición de una energía que fluye por el alma adoptando formas paroxísticas o equili-
bradas, mas siempre trasunto de algo no reconducible a
un manual de instrucciones que prive a esa energía de su
impulso vital y deshaga, como por encanto, los límites
infranqueables de su influencia sobre el espíritu.

Actualmente, la sociedad, a través de un Estado y unas políticas volcadas en la igualdad, pasa por encarnar la verdad de lo que somos. Como si en su poder destructor, avalado por siglos de desigualdad, radicase la antítesis perfecta de un mundo purificado de males en el que establecer, de una vez y para siempre, la medida de nuestra felicidad y más honda satisfacción. Ese orgullo necio y santurrón asociado a una identidad emocional monolítica que impide tomarle el pulso a nuestra alma, y calibrar en ella la fuente de una eterna inquietud por lo que somos y podemos llegar a ser. Un orgullo que recuerda, debido al terco voluntarismo del que procede y el rígido convencionalismo al que predispone, a esa sociedad moscovita y petersburguesa que condenó a Anna al ostracismo y le impuso el suicidio como una falsa salida.

Lo que queda, en fin, de una novela como *Anna Karénina* leída en un mundo como el nuestro es, por encima de todo, no la ilegitimidad de ese mundo y su agenda de reivindicaciones, sino la pobreza y embrutecimiento con que se gestiona dicha agenda. La novela de Tolstói no resta valor a tales reivindicaciones, sino al oscurecimiento de los límites infranqueables que las circundan. Al hecho de que apostarlo todo a la depuración igualitarista de la sociedad constituye una impostura vinculada, antes que con la desazón de quien busca respuestas sin hallarlas y aprende a transigir con la insatisfacción que ello implica, con el orgullo de quien ha dilucidado en su mundo social el derecho a sentirse bien consigo mismo y a disfrutar sin contratiempos, dudas y angustias de su identidad.

4. SOBRE EL ESPÍRITU

I

LA PALABRA *espíritu* es de aquellas que, como diría Simenon, llevan demasiado lejos. Muy lejos quedan de nosotros los tiempos en que esa palabra designaba la que quizás fuese la propiedad más significativa del hombre. Tener *espíritu* significaba aglutinar un ramillete de diversas virtudes, desde el valor y el coraje hasta la templanza y el autodominio, pasando por una actitud genérica y difícil de definir que se plasmaría en una conducta recta, pundonorosa y persistente en la persecución de nobles objetivos. Había incluso por aquel entonces *espíritus fuertes* que dejaban tras de sí una aureola legendaria de la que formaban parte la rudeza y la brusquedad, componiendo una figura humana que asombraba por su fuerza de voluntad y la tenacidad con que acometía sus empresas. Para hombres así forjados, dudas, vacilaciones, resquemores y demás contratiempos de una vida interior sensible, vulnerable y delicada no entraban en juego, siendo su fortaleza espiritual el emblema de unas naturalezas dispuestas a sobrellevar cualquier sacrificio en aras del cumplimiento de su *misión*.

Decir que, actualmente, la categoría de espíritu nombra un vacío es poco menos que reconocer una obviedad. Dicho vacío ha sido colonizado por una versión del hombre que podemos etiquetar como *psicológica*. Vivimos en sociedades recorridas en todas sus direcciones por el lenguaje de la psicología. Es decir, embebidos por una cierta idea terapéutica que trata de convertirnos en seres emocionalmente autónomos, capaces de transigir con sus defectos y frustraciones, reconciliados con su vulnerabilidad, abiertos a mutuos y reparadores *reconocimientos* con otras personas igualmente frágiles y expuestas como nosotros.

Hablar de las propias emociones, conversar sobre las emociones ajenas, construir autopistas emocionales por las que circular sin temor a la mirada ajena, a la opinión ajena, a las expectativas ajenas se han transformado en actividades propias de una sociedad abismada en los yoes de sus miembros, una sociedad para la que la salud mental, el equilibrio emocional y la autonomía psíquica representan metas irrenunciables de las que depende nuestra felicidad.

Como una bola de nieve que se va haciendo cada vez más grande según cae por la pendiente, el lenguaje popular de la psicología se extiende por cualquier nicho del presente que habitamos, desde el profesor temeroso de provocar un trauma en el alumno con un suspenso por no saberse la lección al compasivo periodista que pregunta a un vecino que lo ha perdido todo tras un incendio cómo se siente. La mentada bola ha provocado, guiada por su benevolencia, que, ante los hechos, los crudos hechos de la existencia, lo importante e indispensable consista en poner nuestro ánimo, nuestras emociones, nuestro interior más desvalido y sufriente bajo el foco.

Este *humanitarismo* de raíz sentimental tan característico de personas empáticas y comprensivas lleva hoy las de ganar porque no existe una ola justiciera comparable a la de acoger bajo sus faldas cualquier manifestación de debilidad y sufrimiento, ya que lo estimado por aquella actitud humanitaria no resulta de calibrar la magnitud de la desgracia, sino meramente la *reacción* que provoca un determinado avatar que se juzga en términos de contrariedad. De ahí que, en el mismo telediario en que se nos

habla de la desgracia que entraña haberlo perdido todo
a consecuencia de un incendio, se convoca a aquellos que
deben arrostrar el penoso contratiempo de no poder irse
ni una semana de vacaciones bajo el compasivo término
de *pobreza vacacional.* De todo, de cualquier cosa, en una
sociedad ganada por la psicología, por el monopolio psicológico en la consideración de los seres humanos y
sus circunstancias, se puede hacer, y de hecho se hace,
estirando las palabras en arabescos infinitos, un *estado
de carencia,* la vulneración de un *derecho* cuyo incumpli-
miento deja a la *víctima* a los pies de los caballos, con el
sentimiento de su dignidad irremediablemente dañado.

II

Que el triunfo, la popularización del enfoque psicológico,
con toda su dosis de buenas intenciones, humanitarismo sentimental, comprensión y empatía, se haya producido en sociedades volcadas sobre las *identidades,* sobre
una cultura fragmentada que divide aquellas en grupos y
colectivos de índole diversa no parece fruto de la casualidad. Cabría decir que, a más cultura, a más identidades,
a más derecho a ser lo que siento que soy, a más empoderamiento, autonomía y autenticidad, a más sentimenta-
lidad a flor de piel, más incontestable se hace el dominio
de la psicología en cuanto lenguaje de referencia de las
relaciones humanas. Esto que, como bien señalan algunos
agudos analistas del *capitalismo de emociones,* ha entrado
en el mundo del trabajo, las empresas y la publicidad,
como si el mercado hubiese entendido el valor central
que ocupa en nuestra cultura todo lo relacionado con
asuntos como el medioambiente, las identidades y el
bienestar emocional, puede verse de muchas maneras, y
la menos interesante quizás sea la visión crítica o apoca-

líptica, centrada en la decadencia del fuste moral de la
gente a consecuencia de la hiperinflación del yo que trae
consigo vivir obsesionados con un sentimiento extremo
de vulnerabilidad, y con el derecho a la justa e inmediata
remoción de cualquier *obstáculo* que se interponga en
nuestro camino.

Lejos de esas jeremiadas que observan, en la apoteosis
cultural de las identidades y psicológica de las emociones,
una caída en los infiernos de la complacencia, el hedonismo y la queja sin fin, la inquietud que me depara tal
apoteosis se relacionaría con el marcado contraste de la
misma con lo que he dado en denominar *espíritu*. Lo que
de verdad me interesa es llegar a entender el volátil significado de esta última palabra a la luz de lo que sugiere
la inversión de la misma en tiempos de humanitarismo
sentimental como los nuestros. De ahí que esta reflexión
transcurra, antes que por el carril de la crítica social, por
las vías de un ejercicio de, permítanme el exceso, *lingüística comparada*. Soy de los que piensan que las palabras
que empleamos nunca son inocentes. Así, el hecho de que
en el mundo actual hayamos dejado de hablar del *espíritu* y lo hagamos de los *estados psicológicos*, de la *naturaleza humana* y lo hagamos de la *cultura* y de las *pasiones* y
lo hagamos de las *identidades* reflejaría un cambio de pro-
porciones civilizatorias, uno de esos cambios que parten
en dos la historia de la humanidad.

Renuncio a explorar la trascendencia del cambio
apuntado. Prefiero limitarme al humilde objetivo de ace-
char al espíritu desde su némesis psicológica, humanitaria y sentimental. Parecería que las realidades espirituales, aquellas, para no ir más lejos, sobre las que giran las
grandes novelas del siglo XIX, sobre todo las rusas, cubren
un amplio y misterioso campo de lo humano, en el que
asuntos tales como la infelicidad, la adversidad, el sufrimiento, etcétera, no se tramitan desde la reacción emo-

cional que generan, sino como poderosas corrientes que arrastran al hombre a la desesperación, la grandeza, la indolencia o la simple astucia necesaria para canalizar río tan salvaje. Hay algo en lo espiritual que no es epidérmico, sino profundo; que toca simas de nuestra condición que le han pasado completamente desapercibidas a la psicología. En esta comparación, lo psicológico pasaría por ser lo superficial, designando aquel estado de ánimo que, como el periscopio de un submarino, se asoma al *océano externo* de la psique, permaneciendo ciego a lo que se oculta bajo las aguas, en cuyos abismos el periscopio de la psicología no vale de nada.

El espíritu, por el contrario, delimitaría un espacio abismal, desconocido, de cartografía elusiva, situado entre montañas submarinas que únicamente el sonar del artefacto capaz de vadear esas latitudes del misterio puede detectar en su navegación. La psicología, en cambio, no nos lleva a sortear lo misterioso y navegar las profundidades de nuestra condición porque solo opera cuando, desde el abismo insondable, se eleva el periscopio a la superficie o, de modo aún más radical, se provoca la irrupción del submarino en aquella. Si apuramos el sentido de la metáfora, con esa elevación e irrupción, lo que estaría sucediendo es que lo espiritual, lo profundo, lo misterioso han sido abandonados en aras de la claridad que entraña reducir el enigma del hombre a un lenguaje terapéuticamente orientado a proporcionarle bienestar emocional. Sé que aquí estoy reduciendo la psicología a un espantajo, pido perdón por ello, yo que soy de ir al psicólogo para curarme de los males que me ocasiona mi asilvestrada prole. A lo que me estoy refiriendo es a los *usos populares* de la psicología, al lugar sobredimensionado que ocupan, en nuestra cultura de las identidades, el consumo y las emociones, los *estados de ánimo*, aquel espejo superficial y mudable de lo que somos al que fiamos la totalidad de nuestro ser y sentimientos, haciendo de lo epidérmico y cambiante hechos determinantes y decisivos.

III

Los viajes que se emprenden con la lectura de las grandes novelas siempre son espirituales y pocas veces psicológicos. No parece ser dicha lectura, cuando, como digo, hablamos de una gran novela, el caldo de cultivo para adobar nuestros *sentimientos de ofensa y de carencia* y para salir en busca de *reparaciones y derechos* por medio de los cuales recuperar el bienestar tan injustamente atacado. En las grandes novelas, nos movemos *bajo las aguas*, conectados por el sonar que constituye la inteligencia de su autor a una travesía por un bosque inaccesible donde la amenaza es el preludio del descubrimiento, y la pérdida de seguridad, el primer paso al conocimiento.

Inciertos son los caminos del espíritu, que no concluyen en las Islas Afortunadas, ni preservan ninguna conquista anímica contra las negras asechanzas del destino o la adversidad. Que son, sobre todo y ante todo, *experiencias radicales de desposesión* que solo garantizan el *derecho a no ser lo que sientes que eres*. Si decimos que una gran novela nos transforma, es solo porque nos despoja de cualquier viso de conformidad con lo que somos, porque nos sumerge en una vorágine en la que nada es lo que parece, y todo puede tener un significado contrario al establecido.

En estos sofisticados términos, pero es que lo espiritual no admite concesiones al respecto, puede entenderse que la navegación psicológica, humanitaria y sentimental por la superficie de los *estados de ánimo*, de los *derechos*, de las *identidades* tiene algo de pueril y simplificador pues es la navegación *cultural* de una sociedad que

ha renunciado a complicarse la vida. Hacer esto, convertir
la existencia en un asunto fácilmente manejable mediante lenguajes terapéuticos y comerciales, como el *coaching
emocional* y el *marketing neuronal*, puede que no sea des-
aconsejable en todos los casos y que haya personas que
prefieran el periscopio al sonar. Lo que pese a ello es in-
dudable es que, en la actualidad, nos hemos acostumbrado a lo epidérmico, a una vida y una domesticidad sin
épica, ni desafíos mentales, a una actitud de aquiescencia
con un entendimiento excesivamente banalizado de lo
que contiene posibilidades de complejidad mucho mayores que las meras complicaciones que nos atormentan a
diario.

No pretendo abanderar el regreso de los héroes, ni de
los espíritus fuertes. Unos y otros pertenecen al pasado,
y este, llegado un punto, concluye. Ahora bien, liberados
de la sombra acuciante de aquellos, entregados a la *demolición del héroe* actualmente en curso, pues hoy vale más
una lágrima a tiempo que una proeza que nos pueda ofen-
der al no tener suficiente *espíritu* para emularla, persiste
la sospecha de que, bajo nuestros pies, mejor dicho, en la
esquina por doblar de nuestras psicologizadas cabezas,
se esconde un mundo prodigioso. Una realidad, la del
espíritu, erigida no para ser felices o para sentirnos bien,
sino para sembrar de paradojas y calles sin salida la inspección, sin encomendarnos a Dios ni al diablo, de nuestros sentimientos, metas, anhelos y derrotas.

La única y eterna verdad al respecto de estas problemáticas simas es que el precio del conocimiento se
paga renunciando a una vida inodora, incolora e insípida,
exenta de perplejidades y dilemas. Justo el tipo de vida
socialmente hoy hegemónico que hemos comprado sa-
crificando el *disruptivo placer* de extraviarnos en las profundidades.

5. PADRES E HIJOS

La veo y me atribulo al sentirme devorado por augurios entre cómicos y esperpénticos. Veo a mi hija con el móvil y los cascos puestos sentada junto a mí en el mullido sofá del salón y, por el rabillo del ojo, desde la esquina vergonzante del alma paterna, escruto la pantalla y creo adivinar un pulular de jóvenes que cantan, ríen, bailan en un frenesí digital y hedonista.

A veces, me mira y se sonríe, y yo me quedo tranquilo porque esa sonrisa es la confirmación de que el solipsismo tecnológico no la ha devorado como a mí mis cómicos y esperpénticos augurios.

Ella me toma el pelo por mi carácter de *analfabeto digital*. Y yo a ella por el mismo motivo, aunque no sé, es una niña, si capta mi mala leche de profesor atormentado al poner el énfasis, no como ella, en el adjetivo, sino en el sustantivo. Pues no se siente muy inclinada a la lectura, que digamos, y juzga como cosa de locos que a mí me guste una música tan diferente de esos vídeos que ve en su móvil.

Mi hija es hija de su tiempo, y yo soy un padre un tanto mustio y enajenado de mis contemporáneos. A mí me gusta Galdós, y mi hija odia los garbanzos, pero para ella, estoy seguro, Galdós sería un garbancero, y el Madrid de sus novelas, la epopeya de una derrota que ha perdido hasta la gracia de lo efímero. Me cogió por banda el otro día que andaba preparando un examen oral relacionado con "algo de la historia", esa fue su hegeliana expresión, se tumbó en su cama y, sin quitarse los cascos, pero apagando el móvil, hizo un resumen de los distintos

momentos atravesados por nuestro castigado país desde
el final del siglo XIX hasta la Transición. Tuve la sensación
asfixiante al escucharla de haber caído en manos de una
hechicera que nombraba hechos y fechas al buen tuntún,
y equiparaba al monarca caído con la República victorio-
sa, al primer dictador del XX con Suárez y a Franco con
el juvenil despertar de nuestra democracia. Hechicería
digital digna de un vídeo revisionista en *YouTube*, que es
a lo que mi hija le gustaría dedicarse en el futuro y ser
una *youtuber* con cientos de miles de seguidores. Ahora
entiendo por qué la profesora que la examinó, una seño-
ra a punto de jubilarse que no soporta a las autoridades
educativas ni el control pedagógico al que la tienen sometida, se entusiasmó tanto con ella que le llamó delante de toda la clase "la Pío Moa de la historiografía infantil e infantilizada".

Creo que, en las palabras de la profesora, cabe detectar una forma exasperada de ironía un tanto petulante y
pretenciosa. Pero mi hija vino encantada con lo de Pío
Moa y el encomio que la profesora hizo de su peculiar
arte para la narración de hechos históricos. "¿Has visto,
papá? —me confesó con su ánimo inasequible al desaliento—. Me sé la historia. Esto está chupado. ¿Repasamos
mates o puedo coger el móvil?".

Vuelvo al sofá y contemplo a mi hija con los cascos
puestos y el móvil incandescente, sintiendo mi espíritu
atribulado por el revisionismo histórico de las huestes
infantiles. Indudablemente, a diferencia de todas las generaciones de padres anteriores a la nuestra, la nuestra
asiste al hecho novedoso de que sean los hijos quienes
encarnen la realidad, y los padres vivan exiliados de ella.
Me refiero a padres a la vieja usanza, no a los que visten
como sus hijos, se divierten con los mismos aparatos que
ellos y se mueven por los aeropuertos con la misma desenvoltura que yo por las estaciones de metro. Estoy ha-

blando del Padre como arquetipo humano, y no de los progenitores posmodernos que nunca leerán a Galdós y, en caso de leerlo, seguro que piensan que suena como una canción de Lola Flores o una película de Paco Martínez Soria.

El Padre, hoy, no representa la realidad frente al hijo, no es el guardián que lo alecciona ante la Puerta de la Ley y le llena la cabeza con consejos para que sepa qué hacer cuando atraviese la línea de sombra. Ahora, son los hijos quienes revelan al Padre qué hay al otro lado de la línea de sombra, y que las Puertas de la Realidad ya no necesitan de guardianes y neófitos, de maestros y discípulos, sino, tan solo, de un dispositivo que permita estar conectado.

Después de la sesión de historia con mi hija, se me ocurrió preguntarle angustiado por lo que había entrevisto por el rabillo del ojo sin que ella se percatase. Desde el otro lado del sofá, giró el móvil hacia mí y me enseñó el vídeo musical que estaba viendo. No sé por qué, el Padre que llevo dentro me impulsó a ponerme de pie, acercarme a mi hija, que me observaba con rechifla mal disimulada desde abajo, y pronunciar un discurso contra la glorificación de la imagen y en favor de que lo importante se halla en el interior de las personas, palabras exasperadas y dolientes con las que llegue a decirle que entre su gusto por alisarse el pelo y su desprecio de la lectura existe un término medio consistente en no sé muy bien qué. La verdad es que gripé con el vídeo y colapsé por el miedo a que mi hija estuviese sucumbiendo allí mismo, junto a mí, en la cotidianeidad hogareña del sofá, al culto al cuerpo y lo banal. Al menos, es tragona, pensé, mientras me calmaba fijándome en sus rollizos mofletes y la aleccionaba sobre la Ley del Alma y sus misterios. Ella, que había tenido el decoro —es una niña bien educada pese a todo— de quitarse los cascos, estalló finalmente

tras escuchar mi jeremiada en una risa estruendosa, desatada y... cariñosa. Mi hija no entendió nada, pero me
entendió a mí. Lo cual me lleva a rematar este cuento
sapiencial con la siguiente moraleja: cuando los hijos en-
carnan la realidad y los padres viven exiliados de ella,
solo un afecto irónico o una ironía afectuosa entre los
primeros y los segundos pueden mantener en pie, aunque
sea como teatro, en la forma de una tragicómica representación, los roles antiguos de la educación moral y el
conocimiento del mundo.

La risa comprensiva de mi hija después de mi atemo-
rizado y teatral discursito, que terminó en un divertido
abrazo, quiero pensar que confirma cómo la naturaleza
humana es lo suficientemente astuta a la hora de sortear,
en beneficio propio, las trampas tendidas por el progreso.
Que es otra manera de decir que, para nuestros perdula-
rios y ahistóricos vástagos, más hijos de su época que de
nuestras entrañas, el Padre y la Puerta de la Ley siempre
estarán ahí, aunque hoy en día lo estén en la afectuosa
ironía que une al padre exiliado de la realidad con la hija
piadosa que le conduce por ella orientándole para que
no se tropiece con la linterna del móvil.

6. POR QUÉ ME GUSTA MÁS TURGUÉNEV QUE CHÉJOV

A la memoria de
Juan Eduardo Zúñiga

I

LA GRAN literatura rusa no tiene otro asunto ni otra preocupación que la vida. ¿Cómo viven los hombres? ¿Cuáles son sus aspiraciones? ¿Por qué son tan inconstantes en la persecución de sus sueños? ¿Qué explica tantos desencuentros, frustraciones, brutalidad? ¿Acaso no existe la pureza en el mundo, la belleza misteriosa de los caracteres humildes y discretos, el idealismo de la juventud?

Turguénev y Chéjov escrutan la vida desde las contradicciones del sentimiento y la verdad. Se preguntan, inquieren con una inteligencia despierta, pero a la vez, apesadumbrada. Como si el paisaje de rostros y destinos que se abre ante ellos los llenase de dudas, sumiéndoles en una melancolía agridulce.

Sus relatos están llenos de tristeza y delicadeza, hablan de momentos claves de la existencia que sus protagonistas no perciben como tales y desaprovechan lamentablemente, pagando su falta de perspicacia con el peso de un recuerdo culpable que les acompañará siempre. También están llenos de vulgaridad y tedio, sucios espejos de la realidad humana por los que se deslizan los días en una agonía monótona, lenta, inexorable.

El escepticismo de Turguénev y Chéjov no constituye una actitud teórica ante el mundo. Es el escepticismo sedimentado en la experiencia, la observación y la memoria. Un modo de ser, un temperamento de escritor que, al igual que capta la bondad, la belleza, el amor, la compasión, no puede dejar de reparar en los caminos torcidos de la humanidad, en las formas cotidianas de hacerle la vida imposible a los demás o de traicionar, por ofuscada desidia, el sentimiento de admiración hacia otra persona que nos ha deslumbrado.

El hombre aparece en sus relatos como un animal viejo, un tanto exasperado, inmerso en monólogos que lo alejan de la realidad en un ejercicio entre penoso y patético de solipsismo. No son los grandes vicios, sino los vicios ordinarios de ese animal obtuso y obstinado que es el hombre los que señalan con pesadumbre Turguénev y Chéjov. Dos autores universales por la claridad de sus historias, por el sentido melancólico de las mismas, por su alejamiento de los tonos radicales y entusiastas, por moverse en los grises desde los que asumir las lecciones de las cosas. En fin, por utilizar esa navaja que abre el interior sin herir al mundo como una incisión invisible en paisajes ambiguos. Tan diferente de la utilizada por los epígonos revolucionarios del realismo crítico en Rusia, menos melancólicos y mucho más entusiastas que sus maestros literarios y que, con voluntad abrumadora y terrible, destruyeron las contradicciones del sentimiento y la verdad.

Si algo redime al hombre de su incierto vagar por este mundo, es la inteligencia que concibe tal estado de postración como un aliciente para fabular sobre lo que somos. Y de esta inteligencia luminosa e imaginativa que nos llega en la forma de un resplandor inolvidable cuando leemos a Turguénev y Chéjov, uno y otro dieron ejemplo con la virtud del maestro que desempeña su arte sin mentir. Para el primero, el alma ajena es un bosque sombrío y, dentro de este, la umbría más misteriosa e indescifrable es la representada por personajes femeninos. Para el segundo, peor que no ser amado es recibir por accidente el beso equivocado de una joven enamorada.

II

Mi problema es que me gusta más Turguénev que Chéjov. Y esto es un problema porque no existe una razón objetiva para ello. Ahondar en el fondo de esta preferencia tan subjetiva quizá ayude a entender una diferencia entre grandes autores casi imposible de expresar. Lo voy a intentar, pese a que al final quede la impresión de que me he metido en camisa de once varas.

Chéjov es inteligentísimo, agudísimo, dotado para la observación como pocos escritores antes o después. Sus narraciones y obras teatrales fluyen con la levedad y la sencillez de alguien que, partiendo siempre de lo concreto, casi de lo accidental y anecdótico, es capaz de descubrir pliegues y dimensiones infinitas en la cebolla que está pelando. Siempre se trata de una cebolla, de nada más y de nada menos, de lo prosaico y anodino, pero el genio chejoviano consiste en sacarse de la chistera bifurcaciones inesperadas y conmovedoras de cada capa del proteico bulbo. Al final, de la cebolla pelada queda el sentimiento desolado de un fragmento de vida en que, sin pasar nada, ha sucedido algo importante, decisivo, trascendente en su pequeñez. Como por ejemplo, la antipatía inexplicable de un pueblo por sus nuevos vecinos, y el patetismo penoso de la mujer del médico recién llegado pidiendo a la gente que, por favor, les traten bien pues ella y su familia les tienen un gran afecto y en alta estima. El pueblo logrará que se vayan, y los nuevos propietarios de la isba no percibirán ninguna sorda antipatía por ellos... La vida ha pasado y queda el recuerdo incom-

prensible de un agravio en la mente del lector. Por qué
aquella mujer joven y delicada se expuso a confesarse con
aquellas bestias y a mendigar su compasión. Les abrió el
corazón para recibir a cambio altivez y desprecio, una
desconfianza emponzoñada en la que bullía lo peor de
nuestra condición.

Chéjov, al igual que Maupassant, es de esos autores
que poseen un conocimiento milimétrico de la naturaleza humana. Lo que en el francés cursa con la destreza
socarrona y jovial del deseo y la carne, en el ruso opera
por otro conducto, más subterráneo y silencioso, pese
a toda la claridad de su prosa y argumentos. En Chéjov
no hay jovialidad, ni melancolía; no hay un registro sentimental que nos permita, como lectores, identificar su voz,
colgarla de alguna percha. Es tal la inconmensurabilidad
de su talento que las historias que cuenta provocan un
efecto de distancia, como si él estuviese lejos, muy lejos
de las mismas, como un entomólogo del alma dotado de
la perspicacia necesaria para contar la vida de los insec-
tos desde todos los ángulos imaginables. Da la sensación
de que lo que cuenta está siempre por debajo de la inteligencia que narra la historia, como si esta, al ser maravillosa, fuese el resultado de un gesto condescendiente
que no entraña ningún tipo de implicación con el mate-
rial literario. Que esto se deba a una vocación de impar-
cialidad, a la frialdad del propio Chéjov o a cualquier otra
circunstancia es lo de menos. Lo cierto es que sus cuen-
tos y obras teatrales impiden al lector identificarse con
el autor de la única manera posible: a través de un sentimiento compartido. Chéjov es una ínsula extraña que
percibimos desde la admiración por su obra, pero sin poder nunca hacerla nuestra y ampliar con ella nuestro
patrimonio anímico.

Con Turguénev, sucede a la inversa. Tan diferente de
Chéjov como solo pueden serlo dos hermanos gemelos

en su capacidad de reconocimiento de los abismos del alma. ¿Qué caracteriza la prosa del primero? Una conciencia extrema del sentimiento, que lo irradia todo. El espejo que pone Turguénev delante de sus personajes capta los anhelos del lector, le implica a él como tercer y misterioso vértice del triángulo narrativo. Si en Chéjov había algo de gratuito y condescendiente que convertía la historia que contaba en un resto perfecto desprendido como por descuido de su prodigiosa inteligencia, en Turguénev llegan al lector con claridad inusitada el desgarro y emotividad con que está escrita cada línea. La memoria sentimental decantada en forma de imaginación literaria crea, en las novelas del autor de *Padres e hijos*, un espacio rememorativo atravesado por una melancolía tan luminosa y desolada que termina transformándose en una forma perfeccionada e indirecta de conocimiento.

A Turguénev no le hace falta parecer dotado y penetrante porque su conciencia sentimental se compenetra con la del lector convocando a la parte más íntima de este. Quiero decir que, a diferencia de Chéjov, en ningún momento quien lee a Turguénev queda por detrás de él en dotes y virtudes, en capacidades y aptitud. No existe un muro entre autor y lector porque el primero escribe desde su memoria y sentimientos con tal grado de elocuencia que la memoria y los sentimientos de cualquiera un poco refinado en sus inquietudes espirituales encuentran un hogar hospitalario en los primeros. El conocimiento sobre el hombre al que llega Turguénev está impregnado por el halo poético del ayer, de la patria perdida, de los amores frustrados, del espléndido y brevísimo verano ruso, de formas de vida antiguas y sin porvenir que, pese a toda la crítica de las mismas, son aquellas en que transcurrió la infancia y primera juventud y, por tanto, en los recuerdos del corazón, serán siempre imperecederas, fuente de fábulas inmortales.

Este Turguénev del fondo de uno mismo, que llevamos dentro como luz literaria de nuestra memoria, a través del que recibimos una educación sentimental respecto de la manera de adoptar la distancia exacta con nuestro propio pasado, es el Turguénev de ese cazador que convive con los hombres de su tierra natal en largas jornadas de caza por los bosques de Tula, de ese joven idealista de la ida al pueblo tan impotente para la vida como para la revolución que se termina suicidando, mientras la mujer que lo amó en un primer momento se enamora de un populista más recio e impasible, de esa rica coqueta que arruina el inminente matrimonio de su joven admirador por el simple gusto de ganarle una apuesta a su marido, de esos rusos del balneario alemán de Baden-Baden que hablan y discuten disolviéndolo todo en humo y vapor, desde el sueño revolucionario hasta las herencias aristocráticas, desde las pasiones eslavófilas a la profesión de fe occidentalista.

En Turguénev, existe una inclinación irremediable a la pérdida de sentido, al nihilismo de la existencia, solo atemperada por su idea central: el alma ajena es un bosque sombrío. Al fin, son los misterios del corazón, principalmente del femenino, los que salvan al escritor de precipitarse al vacío. Con él, miramos el océano de la impotencia y la frustración humanas, pero siempre con el fuego arrasador del sentimiento y la memoria. De tal forma, en tal estado insólito de compenetración entre el autor y el lector, que la materia de nuestra vida, ese libro prohibido que es el alma propia, se termina abriendo como si dentro de nosotros viviese gente desconocida, y nuestros sueños estuviesen vivificados por la extraña luz que irradia de páginas escritas por otros. Sé que esto suena a mistificación, pero es que Turguénev coloca dentro del lector lo ajeno como conquista de lo propio, nos mete dentro el paisaje moral de la Rusia del XIX y consuma la magia sentimental de literaturizar nuestra propia existencia, como si en el fondo de la misma fuésemos perseguidos en las noches de un cazador por un linaje de seres que no somos nosotros y, al mismo tiempo, representan lo más puro de lo que somos.

Chéjov revela la fronda oscura del alma ajena, pero Turguénev convierte ese bosque sombrío en el libro prohibido del alma propia, en un camino al conocimiento de uno mismo que pasa por la memoria sentimental e imaginación literaria de sus fábulas limpias, claras, hermosas y elocuentes. Y ese efecto único y hospitalario que permite reconocer en el mundo personal de un autor la llave para abrir el propio lo consigue Turguénev, como bien supo apreciar Juan Eduardo Zúñiga, por el desgarro biográfico de todo lo que escribió, en las antípodas morales y estilísticas de la exuberante condescendencia de la fría distancia chejoviana.

7. PERROS PERDIDOS, HUMANIDAD DOLIENTE

I

CUANDO dentro de muchos años, un historiador de la moral haga el retrato de nuestra época deberá contar con uno de los documentos más esclarecedores de la misma. Me refiero a esas fotografías de perros perdidos adosadas a un texto que cuelgan de los árboles en los parques de la ciudad.

Yo, que suelo andar despistado mientras paseo a las fieras que tengo por hijos o muevo el cuerpo rumbosamente al ritmo de un chándal pasado de moda y de unas zapatillas zarrapastrosas (que tanta vergüenza me hacen pasar al cruzarme con corredores disfrazados de plusmarquistas, de estridente colorido atlético y medias hasta la rodilla para evitar lesiones), no puedo sino caer en un abismo de conmiseración y duelo compartido al toparme inopinadamente con aquellas caras perrunas, entre joviales y melancólicas, que te miran desde una extraña lejanía.

¿Por qué fieras y bestias, niños y perros nos conmueven tan profundamente en la sociedad actual? ¿Por qué estamos tan indefensos emocionalmente ante tales criaturas? ¿Por qué nuestra implicación con ellas, buena y esmerada, diría que casi profesional, nos impide adoptar una distancia adecuada respecto de lo que son por naturaleza y edad?

El perro desapareció a tal hora en tal lugar. Llevaba puesto su jersey favorito. Sus ojos bizquean, lo que acentúa, cómo dudarlo, el desamparo. Es mimoso y juguetón, ni muerde, ni araña, ni amenaza. Además, está enfermo y necesita tomar su medicina. En caso contrario....

A mi lado, las otras dos fieras del parque miran con ojos escrutadores la imagen angelical de la desgracia y sondean, cómo dudarlo, las muchas perrerías que cabría hacer a tan vulnerable criatura. O quizás no, pues la más destemplada y lenguaraz de las dos murmura a su hermana algo así como *qué mono es.*

La corriente de los sentimientos que anuda nuestra época nos hace respirar con angustia y con temor, con mucho temor. Miedo a perder al perro, miedo a los traumas que la vida, siempre terca e imprevisible, pueda ocasionar a nuestros hijos. Antes nos dolía la patria. Hoy la patria que duele se ha reducido a una domesticidad piadosa y banal. Lejos de mí está dejar de santificar, como todos, mi pequeña patria del parque, los niños y los perros perdidos. Estos paseos atribulados son la forma secularizada de aquellos viejos rituales públicos de honra a la bandera y al soldado desconocido. Las virtudes antiguas, con su olor a naftalina, se han transformado en los inconstantes valores de una subjetividad emocionalmente asediada. Nada de lo humano nos resulta ajeno porque hasta las bestias han penetrado en el reino común del sentimiento, la compasión y una telescópica filantropía, como la que profesamos a los inmigrantes.

Este último caso también debería ser objeto de la atención del historiador del porvenir. Pues muestra a qué punto de reduccionismo simplista ha descendido el juicio político en nuestra sociedad. Aunque, por otra parte, necesariamente debería ser así desde el momento en que asuntos de tal calibre histórico como los derechos del hombre y del ciudadano se reducen a una versión extremadamente edulcorada y compasiva de los mismos. Como si nuestra ceguera política proscribiese calibrar esos derechos en otra longitud de onda que no sea la de su autenticidad humanitaria y sentimental, fundamento anímico de la liberación social, pero cuyo tóxico sentimentalismo poco parece tener que ver con los fundamentos intelectuales de una sociedad libre como la propugnada por Kant. Fuera de esto, cualquier matiz se asume como expresión del ruin e hipócrita egoísmo de los intereses dominantes. Al igual que con niños y perros, con los derechos hemos caído en el abismo de una afectividad desatada que, aureolada por su irreprochable santidad moral, impide encarar la realidad a través del raciocinio y nos aboca al gesto histérico de la reacción emocional.

Sigo pensando, terminado el paseo, bañados los niños y adormecidos por los rayos catódicos, única divinidad que, en caso de no existir, habría que inventar, en aquel perro perdido en la jungla de asfalto sin su medicina. Me pongo en la piel de su dueño mientras miro a las fieras temperadas por el Gato Cósmico. E, inevitablemente, en un cortocircuito sentimental muy propio de este tiempo aún por historiar, imagino qué sentiría si fuese yo a quien se le hubiese extraviado lo que más quiere en este mundo.

En nuestra época, no existe distancia entre los dos extravíos. Ambos evocan humanamente lo mismo, y requieren un mismo acto de empatía, pese a, por decirlo así, la *diferencia ontológica* entre el hombre y el animal (aunque un niño tenga más de lo segundo que de lo primero); representan una idéntica cuestión emocional, de difícil gestión por afectar a ese ámbito del apego más oscuro, hoy turbulentamente divinizado, que es lo doméstico. Enclave, podrá decir el futuro historiador, de una humanidad empática y bienintencionada, comprensiva y tolerante, pero a la que, desnortada por la esfinge de un sufrimiento proteico, le cuesta entender que comprender al otro no significa diluirse en el otro. Ya que, entonces, la pena, muchas veces trasunto de lo que antes se llamaba falsa conciencia, se convierte en el faro de la buena fe y la solidaridad. Las cuales poco tienen que ver con el ejercicio de la razón, único medio de realizar las discriminaciones pertinentes y establecer los cauces para remediar, que no solucionar, lo remediable. Y ello, si esa razón es severa consigo misma y no pretende hacer demagogia, con la conciencia de que puede haber factores imprevistos que obliguen a replantear todo el asunto. El cual siempre tendrá un carácter indeterminado y estará rodeado por unos imponderables que, a pesar de nuestra implicación sentimental, lo hacen inmune a nuestra voluntad. Por lo que, en un sentido estoico, debemos asumir un límite en nuestros esfuerzos por mejorar las cosas y, en un sentido escéptico, ser precavidos respecto de cómo, en ocasiones, las mejores intenciones empeoran aquello que aspiramos a sanar.

En la perspectiva del dolor emocional, todo vale y pesa lo mismo, anulando la posibilidad de una comprensión matizada, más que empática, realista y prudente de las desgracias ajenas. Es decir, una comprensión mínimamente distanciada que no nos obligue a adentrarnos en el túnel de la *piedad peligrosa*, tan lleno de contraindicaciones, y que nos permita mantener a salvo nuestra posición de evaluadores de un problema. Posición que se derrumba al exigírsenos desaparecer, como acto de voluntad humanitaria, en las cimas de la desesperación. Rito de iniciación en el ceremonial colectivo de lo políticamente correcto, de la división de la realidad entre *ellos*, los desalmados, y *nosotros*, los emocionados. Esa brigada de dueños de perros perdidos y padres acogotados por un sentido enfermizo de la responsabilidad que, al igual que otros grupos contemporáneos con los sentimientos a flor de piel, ofrece un campo inmenso de actuación a los cortesanos del pueblo o, como diría el viejo anarquista, a los proxenetas de la libertad. Nada mejor que una ciudadanía avasallada por las emociones que deparan la crueldad y la injusticia en el desquiciado mundo actual para que los rentistas de las desgracias ajenas saquen el máximo provecho.

Si todo se reduce a una cuestión emocional, cómo vamos a establecer las oportunas jerarquías *ontológicas* entre la bestia y el hombre, entre el amor y el cuidado de los hijos y la terrible, por amedrentadora y exigente, *religión de los hijos,* entre la compasión y el juicio, entre el sufrimiento infinito que causan las crisis, las guerras o las catástrofes naturales y los medios finitos de que disponemos para remediarlo. Lo que hoy en día se nos pide no es tanto comprender los problemas como identificarnos con las emociones que dichos problemas desatan. Desde el momento en que el balance de cualquier situación se torna un asunto de empatía, las diferencias entre unas y otras situaciones resultan anegadas por la ola sentimental que las unifica en el imaginario de lo público. Da lo mismo por lo que uno sufra o padezca. Si existe sufrimiento y padecimiento, hay que compadecerse y renunciar a introducir esos matices ominosos para la sensibilidad actual que consisten en ir más allá de la emoción, y evaluar la entidad real del problema. Antiguamente, la relación jerárquica y ontológica entre las criaturas estaba trabada por la *Gran Cadena del Ser*, donde cada una de ellas tenía asignados un lugar y una función, una esencia propia y característica. El relativismo actual ha hecho explosionar cualquier atisbo de aquella cadena y lo ha disuelto todo, dado que no hay realidades fuertes, trabadas y jerarquizadas, en la gran noche de las emociones, donde todas las realidades tienen el mismo y ofuscado color subjetivo.

Cuando los niños abandonaron el salón tarde como siempre, pues la tele es suya y de nadie más, y aún trataba de digerir su tono faltón y retador, se me ocurrió llamar al número de teléfono que aparecía bajo la foto del perro bizco, enfermo y desaparecido. No porque supiese nada de él, sino para compartir con su dueño la pena del extravío y la angustia por las medicinas. Marqué los números y una voz de ultratumba preguntó quién era. Yo, completamente superado por la situación en que ridículamente me había puesto mi desamparo paternofilial, solo me atreví a susurrar:

Llamo por lo del perro, ¿no tendrá usted hijos?

II

Tras hablar con el desdichado dueño del perro desaparecido, sufrí lo que de ninguna otra manera que como catarsis puede ser calificado, pues entonces comprendí que solo los animales nos salvarán. He de admitir que, desde que tengo uso de razón, he mirado por encima del hombro a los animales en cuanto representante de una especie noble para la cual burros, cerdos, perros y hormigas no pasan de ser oscuros y anónimos siervos de la gleba. Durante mucho tiempo, he dado por supuesto que el Antiguo Régimen que separa jerárquicamente a la especie humana del resto de especies animales formaba parte de la Gran Cadena del Ser y, por ello, era incontrovertible.

Mas todo cambió revolucionariamente un sábado de noviembre cuando regresaba a casa después de un largo y ensimismado paseo galdosiano por la ciudad de mis amores. Puedo afirmar, como decía antes, sin asomo de exageración, que sufrí una catarsis, que experimenté una revolución interior fruto de la cual fue el derrumbamiento de mis certezas aristocráticas y etnocéntricas respecto de los animales no humanos. Debo confesar, a fin de contextualizar mi conversión, que estaba yo algo sensible y excitado por los perros perdidos. Lo cual me predisponía a un choque de realidad como el que sucedió al oscurecer de aquel sábado húmedo y tibio. Caminaba por las calles cuando me vi sorprendido a la altura del Reina Sofía por una no muy concurrida manifestación. En un primer momento, me costó entender la razón de la protesta, y solo llegué a atisbar un buen número de furgones policiales y de curiosos que asistían divertidos a la algarabía.

Sin haber entendido a qué me enfrentaba, traté de esquivar la manifestación con tan mala fortuna que, al doblar una esquina, me di de bruces con la cabecera de la marcha. No sé si han comprobado en sus propias carnes lo difícil que resulta avanzar a contracorriente de una muchedumbre gritona y jovial. En definitiva, fui abducido por el tumulto, y me precipité a un agujero negro donde rigen leyes físicas y categorías del espacio y del tiempo de un orden inverso al convencional.

Aún no tenía muy claro de qué iba aquello, y el estupor inicial empezaba a ceder su lugar a un agradable aturdimiento, pues la multitud siempre ríe contigo, aunque solo lloré contigo un día, cuando resonó con fuerza el siguiente eslogan:

"El veganismo no es una opción, es una postura contra la opresión".

Y, a continuación, este otro menos abstracto:

"¡Li-be-ra-ción a-ni-mal!".

Una chica simpatiquísima se me puso al lado con una sonrisa de oreja a oreja y me dio un pasquín. Adecuando el ritmo de mis pasos a la lectura del texto cuyo formato recordaba al ticket de la compra de un supermercado, pude enterarme de qué demonios era aquello del "especismo" y el "veganismo", rodeado por el ímpetu mesiánico de quienes profesan sus misterios. El especismo "consiste en dar mayor o menor valor a la vida y las necesidades de un individuo en función de la especie a la que pertenezca, priorizando unas frente a otras", mientras que su antítesis, el veganismo, avalaría "una actitud de respeto hacia todos los animales, contraria al uso de productos de origen animal". Vamos, pensé para mí, que el especismo es el viejo etnocentrismo imperialista de los occidentales transmutado en desprecio ya no de las culturas inferiores, sino de los animales inferiores; y el veganismo, el reparador multiculturalismo transmutado en igualdad radical ya no entre todas las culturas, sino entre todos los animales.

El tono del pasquín era mesurado y analítico, se esforzaba por persuadir dando razones, eludiendo el exabrupto y, sobre todo, sin apelar en ningún momento a la democracia, el voto, la urna y el inevitable referéndum. Aquel texto rezumaba racionalidad, parecía escrito con la sabia elegancia y el escéptico distanciamiento del Spinoza del *Tratado teológico-político*. Miré a mi alrededor y me creí envuelto por el halo de una multitud filosófica y empática que, más que gritar, lanzaba al aire nocturno tesis y antítesis, y formulaba argumentos mediante los que probar la verdad de su creencia.

Seguí leyendo:

"El especismo es una discriminación injusta y arbitraria al igual que el racismo y el sexismo. ¿Si no quieres ser racista, ni sexista, por qué seguir siendo especista?". Esta última pregunta, con su lógica impecable e implacable, me tocó el corazón. No solo habría que destruir la jerarquía que separa al hombre del resto de animales, sino también la que hace distinciones entre estos últimos pues "en nuestra sociedad, se tiene más en cuenta a los perros que a los cerdos", y así nos va...

Uno de los grandes momentos de aquella marcha que estaba produciendo en mi interior un cambio de paradigma semejante al paso de la astronomía ptolemaica a la copernicana aconteció al pasar junto a la terraza de un

Burger King. Los clientes devoraban con ansia poco vegana y muy especista sus apabullantes hamburguesas,
pero ninguno de los manifestantes dirigió contra ellos su
dedo acusador. Solo la chica que me había dado el pasquín, sin dejar de sonreír, fue depositando sobre las mesas unos textos escritos en tinta roja que lucían como la
buena nueva entre los restos de un naufragio civilizatorio.
A punto estuve de vitorearla, pero me contuve, y simplemente acerté a darle un clínex para que se limpiase la
mancha de ketchup que asomaba en su mano.

La catarsis psíquica, emocional e intelectual alcanzó
su paroxismo al leer que "todas (en femenino) somos animales con capacidad de sufrir y sentir", y que los animales no humanos, en un ejemplo antinatural de injusticia
y desigualdad, son "asesinados y transformados en comida, ropa o algún complemento, esclavizados para trabajar
en contra de su voluntad". El momento *gestalt* de mi conversión, en que dejé de ver a la bruja-vieja etnocéntrica
y especista y vi por fin el perfil bellísimo de la niña mul-
ticultural y vegana (¿recuerdan el anfibológico dibujito?),
se produjo al leer las palabras finales del pasquín, un ejemplo inolvidable de la mesura que inspiraba aquel escrito
racional y filosófico:

"Tenemos claro que en una sociedad como la actual
dejar de consumir productos que implican explotación
(humana o no humana) es prácticamente imposible". Pese
a ello, "es necesario buscar alternativas con la mínima
explotación posible".

He aquí un ejemplo de mesura y sentido de la realidad
por el cual sinceramente creo que solo los animales nos
salvarán.

8. EMPODERAMIENTO

I

Uno de los grandes debates sobre el hombre que se han producido en la cultura occidental tuvo lugar en el reinado de Luis XIV. Entonces, tal y como se refleja en uno de los grandes libros de Paul Bénichou, chocaron dos perspectivas antagónicas, la del idealismo aristocrático y la del pesimismo jansenista. Esta última, en la que se encuadra Pascal, rebatía el optimismo de la primera al establecer una insalvable distancia entre la corrupta naturaleza humana y la gracia dispensada arbitrariamente por Dios a determinados individuos. El idealismo aristocrático, cuyas raíces se hallan en la Edad Media, consagraba al héroe caballeresco y reconocía en su apetito de gloria, deseo de dominio y orgullo inclinaciones naturales conciliables con el ideal moral y la virtud. Los jansenistas, formados en la visión agustiniana sobre el pecado original, demolían al héroe, su grandeza, su ejemplaridad, atisbando, en el fondo de su conducta, el impulso del amor propio, del egoísmo, y la búsqueda, condenable por concupiscente, del aplauso y la admiración.

¿Son nuestras pasiones, sentimientos e intereses, el tejido emocional que da forma y color a nuestra psicología, puentes a una vida moral digna o, por el contrario, expresan un estado de perdición moral? ¿Podemos llegar a ser *héroes* de nosotros mismos aceptando sin suspicacia nuestras inclinaciones naturales y estilizando estas como manifestaciones virtuosas, impulsos inocentes y benignos en que está grabada la insignia de nuestra autenticidad?

¿Qué hubiesen pensado jansenistas como Pascal o La Ro-chefoucauld de la visión de la naturaleza humana que subyace a la actual cultura del deseo y el mito del empo-deramiento que cimenta la misma?

No vivimos en tiempos medievales, ni aristocráticos, sino posmodernos y románticos. Sin embargo, paradó-jicamente, estamos embebidos del idealismo moral de aquellos tiempos. Las virtudes caballerescas no son las nuestras. Como decía Burke, a la luz de la Revolución francesa, la época de la caballería murió, pero de las cenizas del radicalismo democrático, de los fuegos aún resplandecientes de la rebelión romántica, avivados por el espíritu sesentayochista, y del capitalismo de turbo-consumo hoy en día hegemónico, se levanta la sombra heroica y empoderada de un sujeto sin controversia po-sible. En este, los lances de honor, el amor cortés y la defensa de viudas y huérfanos se han transfigurado en la pregonada beatitud, más ramplona que la aristocrática, de sus emociones. Estas, por sí mismas, en su desnudez psíquica, en su efusividad e impulsividad, patrimonio de todos y de todas, nos empoderan como individuos autó-nomos, completos e independientes. Hemos transforma-do aquello que *nos conduce*, las pasiones (todo lo que no es acción, es pasión, decía clásicamente Descartes), en prueba de empoderamiento, de dominio sobre nosotros mismos, del valor intrínseco de nuestra dócil, buena e inmaculada naturaleza. Ni siquiera hay que destilar las emociones para producir un comportamiento moral legítimo, que era el fundamento del idealismo aristocrá-tico; podemos ya descartar cualquier tipo de sublima-ción, pues hemos llegado al convencimiento no solo de la conciliación entre lo real y lo ideal, sino de que lo real, en su magra condición libidinal e instintiva, es todo lo que puede y debe ser lo ideal. Nada de depuración, nada de camino ascendente hacia el bien a través de un esfuerzo interior y de una serie de grados intermedios, nada de trabajo con uno mismo para ofrecer nuestra mejor versión.

Al final de la escalera, ya no aguarda un caballero con las armas en regla y su amor propio convenientemente sublimado en actos corteses y heroicos, sino una extraña y misteriosa mistificación del hombre natural en la que se perciben efluvios igualitaristas, hedonistas y consumistas. En términos culturales, la muerte del espíritu caballeresco no ha significado la consagración del pesimismo jansenista, sino de un idealismo posaristocrático en cuya grosera e inextricable mixtura la emancipación romántica se une al igualitarismo democrático y ambos se vinculan al turbocapitalismo consumista, formando así una santa alianza en la que lo posmoderno sucede a lo medieval saltando por encima del, más jansenista y menos eufórico de lo que se supone, mundo burgués.

De la extraña anatomía de estos tiempos idealistas y hedonistas, surge ese centauro inclasificable que es el hombre ya no caído en las simas del pecado, ni embellecido por las virtudes caballerescas, ni torturado por dudas asfixiantes como el burgués, sino empoderado. El hombre de la grandilocuencia sentimental, del activismo a prueba de bomba, del puritanismo más dogmático y progresista. Ese hombre (o mujer) que niega cualquier atisbo de perdición en sí mismo, que envía al basurero de la historia cualquier alusión a la ambigüedad de sus sentimientos, que intuye, en el amor cortés y los lances de honor, cesiones injustificadas a la estilización de nuestros apetitos. Hombre de la virtud, sí, de la rotunda virtud que conforma la indubitable corriente de sus sentimientos, claros y distintos como las ideas cartesianas, pero sin la sombra de un *genio maligno* esparciendo sobre ellos un último resto de suspicacia.

II

Y esto es lo que quería decir. No que estemos corrompidos o que debamos confiar en la dignidad de nuestra naturaleza. No que el pecado original lastre cualquier proyecto de emancipación humana o que, a través de intereses seguros y previsibles, podamos aspirar a un estado social constituido por hombres mediocres, egoístas, pero también sociables y tolerantes. No que, detrás de la virtud, esté siempre el vicio o que la autonomía emocional obre como fin de la historia. Nada de esto es lo que quería decir al confrontar el empoderamiento con el debate entre idealismo aristocrático y pesimismo jansenista en tiempos de Luis XIV.

Lo que quiero decir es que nos hemos quedado sin debate sobre el hombre al despojar a las pasiones de su aguijón, y privar a las abejas de su fábula. Que el *panal rumoroso* en que vicios privados hacen virtudes públicas ha perdido su viveza consustancial, su dinamismo paradójico. Que los lenguajes públicos de la actualidad clausuran la posibilidad de aquel debate, y se niegan a reconocer la experiencia común de la gente. Por esta, entiendo esa conciencia vital de quien se ha topado en repetidas ocasiones con la oscuridad impenetrable de su ser. Por decirlo más claramente, con la sensación de que nuestra vida psíquica pende sobre el abismo de pasiones ambiguas, de impulsos indeterminados que provocan consecuencias imprevistas, y que nos abocan, como diría uno de los grandes jansenistas, Pierre Nicole, a la perplejidad sobre la motivación última de nuestros actos. Hemos perdido en nuestros lenguajes públicos lo que permanece intacto en la experiencia común de la gente, al menos, de las personas que no se engañan demasiado a sí mismas: un sentido brumoso, pero real, de la complejidad psíqui-

ca que nos envuelve, de los *espíritus animales* que sobre-
vuelan nuestros incontrolables estados anímicos. No creo
que uno deba ser un teólogo o un psicólogo para percibir
dicha complejidad, los caminos bifurcados que desapa-
recen en la noche oscura del alma. Ni un moralista para
desconfiar de las enfáticas declaraciones de virtud y dis-
cernir en ellas la prole política que la adulación engendra
en el orgullo. Pues si fuéramos capaces de ver al rey desnudo, ¿no descubríamos tras tanta declamación y grandilocuencia el aguijón del amor propio y la marca indeleble de las pasiones sectarias y fanáticas?

Al no haber debate, damos por descontada la versión
empoderada del sujeto, esa arcadia de pureza y autenticidad que ningún genio maligno cuestiona, y menos los
artistas de lo políticamente correcto, esos neologistas prometeicos que son incapaces de contarnos una fábula, y
están dedicados en cuerpo y alma a reproducir los engranajes de la *jaula de hierro* en que todo está tasado, pesado,
medido e identificado de acuerdo con ortodoxos criterios
ideológicos y usos lingüísticos que se activan mecánica-
mente (fulanita de tal "es insaciable en su compromiso
social"). Vivimos en el paraíso, la tierra prometida era *eso*,
poder ser lo que sentimos que somos, tener derecho a
ello, reconocer en los demás un valor emocional intrínseco, hacer de los sentimientos acciones, y no pasiones;
signos de autonomía, y no anatomía de dependencias.

Si no dependemos de lo ingobernable en nuestra vida
psíquica porque hemos transfigurado los impulsos de dicha vida, de un modo bastante abstruso, por cierto, en
un ejercicio limpio y transparente de voluntad libre, de
autodeterminación moral, ¿no cabe suponer, por una extensión lógica de tal supuesto, que lo ingobernable, las
dependencias, esa espesa red en que constatamos a diario el limitado alcance de nuestros deseos, y la necesidad
de contar con cosas turbias, pero indispensables como

roles, familia, amigos, trabajo, sexo, cierto grado de infelicidad, cierta actitud de indiferencia, cierto estado de
carencia; en una palabra, las *pequeñas cuerdas* a cuya pro-
saica y convencional vibración solo permanecen ajenos
santos solitarios y activistas puritanos se acaben diluyen-
do en una visión extramundana y alucinada de la realidad
que habitamos? Al habernos alejado de nosotros mismos
hasta el punto de creernos empoderados por la oscura,
ambigua y paradójica materia de nuestros sentimientos,
nos hemos terminado emancipando del mundo, y hemos
convertido a este en una extensión de nuestra autoinfli-
gida beatitud.

La naturaleza humana resulta inseparable de una extraña anatomía, y el mundo, como plasmación desigual
e incierta de tal anatomía, está lleno de conexiones misteriosas. No hace falta invocar el pecado original para
tener un mínimo de suspicacia respecto de lo que somos.
La duda y el sentido de imperfección contribuyen a que
podamos entendernos mejor, a vivir mejor, a no nublar
nuestra mente con expectativas desconcertantes y ar-
teras, promesas salidas del embrutecimiento intelectual
que solo conducen al desaliento y la fatiga. El verdadero
problema del empoderamiento, al suprimir el debate sobre el hombre y manufacturar una imagen lisa, pulida e
incuestionable de criatura tan ambivalente y compleja,
es el sentimiento de alienación que provoca respecto de
nosotros mismos y el mundo en que vivimos. ¿No sería
aconsejable restituir a nuestros lenguajes públicos la
experiencia común de la gente y permitir a esta, a la parte menos ideologizada y activista del paisanaje, contem-
plarse en un espejo humano y mundano, y no angelical
y ultraterreno?

Hasta un jansenista como Nicole, que instruyó, junto
con Pascal y La Rochefoucauld, la *demolición del héroe*, no
pudo sino reconocer que el ideal de la caridad al que se

oponía el orgullo caballeresco necesitaba ser civilizado
por las *pequeñas cuerdas* del trato social, con toda su dosis
de educado fingimiento y obsequiosa hipocresía. Pues,
en caso contrario, el hombre piadoso, embebido en su
pureza, podía volverse fiero y salvaje, incivilizado. Entre
nuestros activistas de la transparencia, podría surgir un
nuevo Nicole que abogase por civilizar su cruzada e introducir algún tipo de benéfica suspicacia respecto de sus
arrasadoras convicciones. Esto es, por reconocer un cierto grado de corrupción en nuestra naturaleza, y un cierto
margen de acomodación a las realidades del mundo. Entonces, su entusiasmo dejaría de ser tan inepto y peligroso. Como decía Lichtenberg, hay ineptos entusiastas,
gente muy peligrosa.

III

La idea del hombre, de lo que somos, que está siempre
detrás de cualquier controversia, pende hoy de dos extremos. De un lado, tenemos la visión autónoma y empoderada de nosotros mismos que nos brinda nuestra
conciencia progresista como auténtico fin de la historia.
De otro, en términos de Yuval Noah Harari, la visión pos-
humanista, que equipara al ser humano con un "algoritmo
biológico", con un ser de la naturaleza que no elige lo que
es, sino que lo expresa irremediablemente de acuerdo
con su herencia genética.

Si la visión progresista y empoderada nos lleva a ser
lo que sentimos que somos, y a demandar reconocimiento para nuestra identidad de sujetos autónomos; la visión
darwinista, radicalmente acentuada por Harari hasta reducir a escombros la fe humanista en la libertad humana,
nos conduce a la evidencia de nuestro sometimiento a
unos procesos bioquímicos que escapan al control de la
razón y la voluntad. Aunque ambos extremos parezcan

opuestos, y lo son, aunque el progresista rezume humanismo romántico por todos sus poros y el darwinista
destile un materialismo determinista centrado en el ab-
solutismo del cuerpo, una y otra visión coinciden en
considerar al hombre desde los sentimientos. En estos,
residiría tanto nuestro empoderamiento como nuestra
sobredeterminación, tanto nuestra autonomía como criaturas morales como nuestra heteronomía en cuanto seres
encadenados a la biología.

Los sentimientos, leídos en clave progresista, conden-
san el santo grial de la transparencia que afanosamente
buscamos en las sociedades de la diversidad y la igualdad.
Son cifras de autonomía, motores de empoderamiento,
señales inequívocas del orgullo de ser individuos completos, auténticos, autorrealizados. Desde esta idea de los
sentimientos, tan presente en el debate político y la producción legislativa, no existen límites biológicos, legales
o sociales que no puedan ni deban cruzarse una vez se
los conceptualiza como atentatorios contra la dignidad
del hombre. Derechos y sentimientos constituyen la flecha del progreso lanzada para dejar atrás, de una vez y
para siempre, las lacras de un pasado opresivo y humi-
llante, en el cual preponderaba una versión rígida de la
naturaleza humana, unas leyes no moldeables a voluntad
porque se fundaban precisamente en aquella versión y
unos principios sociales a través de los que se establecía
una continuidad histórica entre generaciones, más allá
de los cambios y transformaciones políticos de la sociedad. Derechos y sentimientos, por esta vía empoderada,
como flecha de un progreso inaplazable, nos conducen,
finalmente, a un estado líquido que armoniza perfectamente con la posibilidad de ser lo que deseamos ser. ¿No
consiste en ello la libertad, definida desde Hobbes como
ausencia de coacción? ¿Y no es la igualdad anhelada una
transparencia sin obstáculos biológicos, legales e histó-

ricos a la plenitud de nuestras soberanas decisiones respecto de nosotros mismos?

La visión darwinista deshace el mito de la unión entre derechos y sentimientos, y nos enfrenta al carácter desnudo, genético, bioquímico de los últimos, reducidos, ya sin aureola romántica, a una condición emocional a partir de la que no cabe lucir las galas del empoderamiento. Pues este último, en su indeterminación, parecía apuntar al hecho de que los sentimientos, como las ideas para Descartes, son claros y distintos, signos de autenticidad, prueba de autonomía. Sentimos lo que queremos sentir y hallamos en este acto decisionista de nuestra voluntad, el núcleo duro de la libertad moral. Ahora bien, cuando los sentimientos pierden su pedigrí progresista, se descubren tras ellos emociones en bruto, *espíritus animales*, movimientos incontrolados del cuerpo que nos zarandean de un lugar a otro, de un estado de ánimo a otro, como si fuésemos desventuradas marionetas agitadas por fuerzas insondables. Aquí, manda la naturaleza, la biología, y el destino ya no viene descrito por la flecha del progreso, sino, como sugiere Harari, por el sombrío, pero también esperanzador maridaje entre tecnología y neurología.

El romanticismo humanista que seduce nuestra fantasía política con imágenes de igualdad y diversidad se topa con ese desarrollo de la ciencia que, subrepticiamente, cambia la fórmula *derechos y sentimientos* por la fórmula *tecnología y neurología*. Lo fascinante del caso es que la inteligencia artificial se abre camino como un explosivo de efectos quién sabe si inminentes o retardados en sociedades cada vez más inflamas por la retórica de la autonomía. Cuanto más nos debatimos en pos del ideal progresista de un mundo libre de las negras herencias del pasado, más se enraíza el invocado progreso en cambios tecnológicos comprometedores de dicho ideal. Pues el campo de la libertad humana se va estrechando a medida que un genio maligno susurra dentro de nuestra cabeza que los algoritmos saben más de nosotros que nosotros mismos.

Entre el sueño político y la pesadilla tecnológica de los sentimientos, entre la aureolada forma de estos como designios empoderadores y su roma condición de emociones en bruto resultado de incontrolables procesos bioquímicos, dónde quedarían las pasiones, dónde quedaría, en fin, otra manera de hablar sobre nosotros mismos y de concebir lo que somos más allá de estilizaciones y rebajamientos. El discurso de las pasiones, de dilatada presencia en la cultura occidental, es una suerte de ángulo muerto en la actualidad. Se habla a veces de pasión para encomiar una conducta por motivada, o de la Pasión en las celebraciones, más culturales que religiosas, de la Semana Santa, pero nadie habla ya de pasiones. Para Descartes, todo lo que no es acción es pasión. Las pasiones son pensamientos confusos y arrebatadores sin punto de equilibrio, ni estabilidad que nos pueden hacer desear y no desear la misma cosa. Son la irrupción del cuerpo en el alma, por decirlo en los clásicos términos del filósofo. Ante ellas, el alma, la razón, la voluntad se ven impulsadas a reconocer su fondo plebeyo, la sentina del barco. De ellas, no cabe esperar ideas claras y distintas, autonomía y empoderamiento, florecimiento de la libertad, sino un agudo combate, una irresoluble tensión entre las dos caras de lo que somos, entre la parte racional y la parte incontrolable de nuestro ser.

Al haber olvidado las pasiones, nos hemos olvidado, si se me permite la grandilocuencia, de la tensión de existir porque hemos obturado el canal por el que se desaguaba nuestra imaginación moral y literaria. Esta poco puede esgrimir ante la visión políticamente edulcorada de los sentimientos que, supuestamente, animan al ciudadano, y ante la visión groseramente materialista de aquellos que lo transforman en un homúnculo de laboratorio, un algoritmo biológico. Y ello porque ambas visiones, tan contrastadas, nos convierten en seres huérfanos de complejidad al despeñarnos por la superficie lisa y pulida, sin ninguna arista, del máximo empoderamiento o de la de la máxima sobredeterminación. El progresismo se alía con el darwinismo al obstinarse en ofrecer una imagen del hombre sin tensión, en darnos por amortizados, sea en términos políticos y culturales, esto es, identitarios; sea en términos cientificistas y tecnológicos, esto es, algorítmicos. Como si fuera de la identidad asumida y del algoritmo que representamos se extendiese el vacío, las tinieblas exteriores.

¿Qué hacemos con las pasiones? Al exhumarlas, quizá, podamos entender que la humana experiencia de los sentimientos ni aboca al orgullo del empoderamiento, ni al lúgubre reconocimiento del *servo arbitrio*, el cual empuja a Harari patéticamente a recomendarnos la meditación en místicas montañas como solución de último recurso; que el hombre es un centauro, y que no existe identidad ni algoritmo capaz de calibrar la medida exacta de lo que somos. Algo que la mejor filosofía y la mejor literatura tienen meridianamente claro desde hace mucho. Por eso, hoy, invocar las pasiones no es, como antaño, darnos cita con el diablo, sino recuperar de las cenizas al *divino camaleón* que nunca ha dejado de latir en nuestro interior.

9. INDEPENDENTISMO O HEDONISMO

¿SE PUEDE ser independentista y hedonista? Separarse de España, ¿no obliga a romper con aquello que Benjamin Constant denominaba "la libertad de los modernos", es decir, "la seguridad de los goces privados", "el goce pacífico de la independencia privada"? Los modernos somos hedonistas y vivimos entregados al hiperconsumismo, descrito por Gilles Lipovetsky como la fuente de la identidad moral hoy en día hegemónica. Para nosotros, la única independencia objeto de adoración es la privada, la que fluye de ese mundo anodino y prosaico constituido por el trabajo, la familia, los amigos y las diversiones en que saciamos nuestra sed de espíritu...

Un independentista, en principio, es más antiguo que moderno ya que por él transpira la devoción al deber que da cuenta de su grandeza. Los movimientos de liberación nacional se nutren del heroísmo del patriota, quien, llegado el momento, afrontará la elección entre esclavitud dichosa y libertad dolorosa, entre el deseo de la amada y el amor a la nación sin titubeos ni dudas. Llegado el momento, la libertad y la nación prevalecerán sobre la felicidad y la amada. Este es el cuento épico de todo nacionalismo a la altura de su misión histórica. Un relato donde, evidentemente, no hay lugar para "la libertad de los modernos" y sí un amplio espacio para lo que Constant, no sin melancolía, llamaba "la libertad de los antiguos". Esa libertad virtuosa y ascética que lleva al patriota a renunciar al amor, la familia, el trabajo y las diversiones, y a hacer desaparecer su acomodada individualidad en la gran ola del entusiasmo ideológico, de la *política de la fe*, con toda su carga de dolor y sufrimiento *justificados* por las voces ancestrales.

Montesquieu venía a decir, cuando especulaba sobre las diferentes morales políticas, que la virtud implica un acto de voluntad por el cual se renuncia a *vivir bien* (independencia privada) para *ser mejor* (independencia política). Lo que nunca se le habría pasado por la cabeza a Montesquieu, ni a Constant, ni a Lipovetsky; como tampoco a líderes nacionalistas de la talla de un Patrick Pearse o un Ho Chi Minh sería pensar que "la libertad de los modernos" saldría indemne del enfrentamiento con el Estado opresor.

Tal enfrentamiento demanda, en pura lógica, unas dosis de ascetismo y férrea voluntad completamente ajenas a la ética de la felicidad que, según Lipovetsky, define a la sociedad y el hombre actuales, un "homo félix" y, también, un "homo consumericus", mas no un hombre del deber y la virtud. Y ello a pesar de que tal enfrentamiento sustituya el alzamiento violento y armado por la insurgencia *democrática y pacífica*. Pues la urna y el voto, en términos de la estrategia nacionalista del nueve de noviembre del 2014 y del uno de octubre del 2017, no son actos propios de la normalidad política, sino de una excepcionalidad política que, abiertamente, pretende diseñar una nueva realidad, la de la independencia, a las bravas, saltándose todos los diques constitucionales y legales establecidos en un Estado de derecho con el fin de evitar el lado salvaje de la voluntad popular. Tal excepcionalidad política, pese a que se pretenda suavizar mediante la falaz invocación a la democracia y el falaz rechazo de la violencia, demanda una virtud netamente antiliberal que aspira a convertir el sueño de algunos en norma de obligado cumplimiento para todos. Lo que hace indispensable poner en juego una energía ideológica, y estar dispuesto a una entrega fanática y entusiasta cuyo coste en términos de sufrimiento solo puede justificarse en nombre de un imperativo político categórico. Justo el principio moral más opuesto que existe a la ética de la felicidad que predomina en nuestra sociedad.

Cuando veo a las masas independentistas, estudiantes universitarios en horas de asueto gritar sin el más leve asomo de autoironía "prensa española manipuladora", padres y madres organizando actividades lúdicas en los colegios ocupados como si de una yincana se tratara, jóvenes que practican la estética de la resistencia al mismo tiempo que guasapean con el móvil y quedan para el fin de semana, no puedo dejar de verme a mí mismo, y a los que son como yo. Es decir, a gente que, en la vida, dada nuestra mediocridad, tenemos otras prioridades que la épica política, somos más "homo félix" y "homo consumericus" que cualquier otra cosa. Esos estudiantes, padres, madres y jóvenes con los que comparto casi todo, menos las minúsculas diferencias culturales que, supuestamente, nos separan, ¿han dejado de ser modernos, han renunciado a la satisfactoria libertad de estos tiempos consumistas, se han convertido a la religión cívica del sacrificio por la patria o, por el contrario, esperan ingenua, pacífica y democráticamente que la independencia se logre *sin alterar e incluso perfeccionando su estilo de vida hedonista*?

Cuesta encontrar en la historia artefactos ideológicos como el independentismo catalán. Un artefacto que predica la unión entre dos extremos contrarios, la independencia y el hedonismo, esto es, la exigencia moral de la libertad antigua, que permea las luchas nacionalistas contra Estados opresores, y el ejercicio poco ejemplar, pero muy placentero de la libertad moderna, inherente a una sociedad ajena a las pasiones políticas. Esos dos extremos unidos inopinadamente por el independentismo catalán representarían, al fin, dos nociones éticas opuestas, dos tipos de hombre situados en las antípodas el uno del otro. Dándole la vuelta a los argumentos de pensadores serios como Montesquieu, Constant y Lipovetsky, y contradiciendo la evidencia histórica suministrada por la Pascua irlandesa de 1916 y la guerra de Vietnam, entre otros ejemplos de épica nacionalista, el independentismo catalán habría sembrado una intencionada confusión al proclamar que la ruptura con España sería posible *sin necesidad* de que los catalanes se transformaran en héroes políticos y abandonaran su estilo de vida moderno y hedonista; *sin necesidad* de que expusieran su trabajo, sus bienes y su libertad al sacrificio invocando la causa sagrada de la autodeterminación.

¿Se imaginan a Patrick Pearse y Ho Chi Minh aleccionando a irlandeses y vietnamitas contra el imperialismo sin abrirles los ojos a lo que tal lucha implicaba y les demandaba? Incluso la insurgencia *democrática y pacífica* obliga a asumir un coste real en la vida de las personas que les ha sido escamoteado a las masas independentistas catalanas por sus líderes. Los cuales, sabiendo perfectamente a qué sociedad se dirigían y conociendo el tipo humano prevaleciente en la misma, se han cuidado muy mucho de reconocer en público lo que un Pearse y un Ho Chi Minh dejaban claro en cada una de sus intervenciones y escritos: que la independencia tendría un precio que únicamente la abnegación por una causa más grande y valiosa que uno mismo y su plácida existencia sería capaz de pagar.

El independentismo catalán no solo se ha saltado la Constitución, sino las reglas gramaticales más elementales de todo movimiento de liberación nacional, los heroicos y terribles valores en que se inspira, la moral antigua, severa e implacable, impuesta por el culto de las voces ancestrales. El *procés* ha acontecido como si la tierra prometida fuese una emulsión natural y espontánea del "goce pacífico de la independencia privada", una *per-formance* realizada desde "la seguridad de los goces privados", una posibilidad más de disfrute ofrecida por el hiperconsumismo capitalista, verdaderamente proteico en su infinita versatilidad, a los herederos de Wifredo El Velloso.

10. EL BANCO, EL *SHERIFF*
Y LOS MENDIGOS

AL LADO de mi casa, hay un local abandonado que desprende el aroma de las cosas proscritas por el tiempo en que vivimos. No hace mucho, perteneció a uno de esos bancos que la crisis obligó a reinventarse con el apoyo tácito de todos. En la entrada del local, por donde antes pasaban clientes y empleados, alguien ha colgado la fotografía en blanco y negro de una vieja película americana. En ella, aparece un *sheriff* clásico, con chaleco, estrella y pistola, que te mira directamente a los ojos amenazándote si eres un cuatrero en busca y captura, y transmitiéndote la confianza de quien vela tus sueños si eres un honrado miembro de la comunidad.

En la abandonada oficina bancaria, se ha instalado un joven mendigo en compañía de su perro. Un día lo oí hablar en un indescifrable idioma extranjero con otro mendigo del barrio que se dedica a pasear al perro de unos vecinos. Este segundo mendigo guarda con el primero un curioso parecido. Aunque se ve que es mayor, ambos tienen un fino bigote pelirrojo, ojos claros, el talle esbelto, y despiden un aire sosegado y diría que lejanamente aristocrático incluso cuando se bajan los pantalones y hacen sus necesidades a la vista de todos en el parque.

Hace poco, mi mujer asistió en el parque a una escena inaudita y penosa. El mendigo más viejo paseaba al perro abstraído en sus, sin duda, serias cavilaciones. De repente y por sorpresa, otro perro se le acercó airado y ladrador, y empezó a morderle y arañarle la parte baja de sus deshilachados pantalones. Mi mujer sintió la amenaza a

la que se enfrentaba porque el perro, ni grande ni pequeño, estaba furioso y había perdido por completo el sentido de las formas. Aunque solo fuese la cortesía debida
al can del mendigo, que, asustado, se había refugiado
detrás de un árbol y contemplaba la escena con horror.
Lo inaudito y penoso es que el dueño del perro ladrador
y mordedor no hizo nada, absolutamente nada para de-
tener a su mejor amigo, como si este la hubiese tomado
con un objeto cuya falta de animación y vitalidad justifi-
caba cualquier desafuero. El mendigo, haciendo gala de
su antigua estirpe centroeuropea, pues a buen seguro, era
un descendiente de los santos bebedores que pueblan de
leyendas la mejor literatura del alma, permaneció impasible, no dijo nada y, cuando el obstinado animal lo dejó
por imposible, lanzó un silbido y siguió paseando en compañía de su acobardado compañero.

El mendigo más joven ha llenado de ropa, mantas y
comida la entrada del local que fue banco una vez. Y, al
ocuparlo con sus enseres, ha creado su pequeño hogar
en el mundo, su particular oasis cultural y humano. Pues
lo tiene acicalado incluso para recibir visitas. Un día por
la mañana, cuando marchaba al trabajo, lo vi departien-
do entre risas con otro joven mendigo mientras tomaban
algo innominado de dos tazas cuya suciedad brillaba en
la distancia. Otro día, también de mañana, cuando iba
con mis hijos dando un paseo a ninguna parte, lo volví a
ver en jubilosa conversación con el mendigo más viejo.
Los dos esbeltos y elegantes, sucios y parsimoniosos, con
barba descuidada y ojos claros, de bella transparencia.
El banco desheredado los acompañaba en su inaudible
conversación como una reliquia financiera de tiempos
promisorios. Y ellos, concentrados en sus palabras, pala-
deando el líquido inmundo de sus tazas incomprensible-
mente humeantes, parecían encarnar el destino que espera a las vacuas promesas de nuestro presente.

Recordé, entonces, que mi mujer volvió a cruzarse en el parque con el mendigo mayor días después de la penosa escena del perro. Pasó a su lado callada y absorta en las tribulaciones de su jornada laboral. Aquel le dirigió la palabra en un español entrecortado que sonaba como un vals vienés. Le dijo: "hay que hablar, hay que hablar para ser feliz. Dios nos ve. Entre nosotros y el cielo, no hay nada y yo soy feliz".

Los dos mendigos pelirrojos hablaban en su renacido hogar y, al hablar en aquel espacio trastornado por la crisis, eran felices. Quizá porque conversaban sintiéndose seguros bajo la mirada de un sheriff que, de haber asistido al desafuero del parque, hubiese detenido *ipso facto* al dueño del perro debido a su clamorosa falta de humanidad. Por cierto, el actor que interpretaba al sheriff era el más famoso salteador de bancos y bolsas: Ronald Reagan. Otro inolvidable mendigo de este mundo sin patria.

11. EL YOGA DE LAS CABRAS

Los CAMINOS del bienestar son inescrutables. Se empieza por la conquista de los derechos sociales y se termina... en sesiones de yoga que consisten en adoptar relajantes posturas mientras un grupo de cabras se sube a la chepa de los yoguis. El yoga de las cabras sería lo inescrutable del bienestar, su cima, su culmen, su *non plus ultra*. ¿Alguien da más?

Hace tiempo, en los orígenes del estado del bienestar, algunos de los intelectuales que defendían ese modelo político se mostraron preocupados con el creciente tiempo de ocio del que iban a disfrutar las masas. En concreto, no les gustaba un pelo el cine como diversión de aquellas, pues veían en el séptimo arte la irrupción de una cultura de bajo espectro, acomodada a un gusto entre frívolo y poco exigente. Visto con perspectiva, desde el yoga de las cabras, imagínense ustedes lo que hubiesen pensado aquellos intelectuales sobrios y contenidos, para quienes las políticas sociales debían alentar la formación de una ciudadanía ascética y sacrificada, de una *democracia militante* que conjugase los derechos con un intenso sentido de la responsabilidad, de la actual deriva turbocapitalista e hipercultural de las así llamadas *sociedades del bienestar*.

Volvamos a las cabras. Metámonos en la cabeza de un yogui. Este, damos por descontado, es una persona absolutamente normal: tiene un trabajo de ocho horas, padres ya mayores, una mujer que trabaja y con los padres también mayores, una hipoteca a medio pagar y la parejita, dos preadolescentes con un móvil cada uno. A una persona tan común, ¿qué oscuros impulsos pueden llevarla a hacer yoga con cabras, permitiendo a estas que se le suban a la chepa mientras roza con los labios el dedo gordo de su pie izquierdo? ¿Qué sensación de placidez y arrobamiento procura al yogui contorsionado en flexibles y anacreónticas posturas ser objeto de la mansa proximidad del rumiante? ¿Algo quizás en los cuernos de este lo estremece como una antigua y oriental celebración del vino, la vida y el amor?

No divaguemos, atemos en corto al bienestar, sigámoslo como el discípulo al maestro por los misteriosos caminos de la sabiduría. En el principio, fue un estado de indigencia ante imponderables como la pobreza o la enfermedad, causa propiciatoria de un Estado Providencia que acompañaba al individuo *de la cuna a la tumba*. Este curso loable y benemérito engendró una red de prescripciones burocráticas, trabajadores sociales y políticas públicas que catapultaron el derecho a vivir con unos mínimos de previsión y seguridad. Fueron tiempos de *milagro económico*, pleno empleo, sindicalismo y, en fin, de un capitalismo *con rostro humano*. Ningún problema me plantea esta imagen de una *gran sociedad* en la que sería imposible que un padre soñase con su hipotética y paralizante *orfandad*. Era aquella una fórmula de eficacia probada para reconstruir el mundo tras los desastres de la guerra con poco espacio, verdaderamente, para el yoga de las cabras, y mucho para la forja del carácter, de una firme personalidad moral.

Entonces, cuándo *se jodió* el bienestar, si se me permite expresarlo a lo Vargas Llosa. Es decir, cuándo, de las *democracias militantes* de la posguerra, austeras, sacrificadas e idealistas, pasando por el *hombre unidimensional* de la sociedad de masas, en el que la militancia se ha transformado ya en la dichosa esclavitud del consumismo, nos hemos precipitado al punto de máxima ebullición del bienestar. En qué momento los derechos sociales mutaron en la *Cocina de la Bruja*, símbolo mefistofélico del *fatalismo hedonista* que arrasa hoy en día.

El yogui, nuestro yogui, ese hombre común, ni militante, ni unidimensional, que bien podría personificar Jack Lemon en una película de Billy Wilder, el auténtico *hombre universal* de nuestros tiempos turbocapitalistas e hiperculturales, tiene la respuesta. Sé que los padres como yo, hijos perdidos del bienestar, progenitores de una descendencia que les da mil vueltas removiendo la cuchara de madera en el hirviente brebaje de las brujas (*Macbeth, oh Macbeth, disfruta, siéntete bien contigo mismo*), somos como cabras subidas a la chepa de su prole, animales domésticos que esta ha reconvertido en instrumentos salutíferos para apurar, hasta las heces, el cáliz de su avidez de goce.

No hay *orfandad* sin altas cotas de bienestar. Del mismo modo que, como resulta evidente, no hay yoga sin cabras. Nuestro yogui ha resuelto, de un plumazo, la vieja controversia, sesuda y erudita, entre los defensores y los críticos del estado del bienestar. Ese hombre ordinario que nos representa a todos, sin tener ni idea de ello, ha demostrado, de una vez y para siempre, que si Beveridge y Hayek se levantasen de su tumba, no podrían sino contemplar, con acentuada aprensión, dónde hemos acabado. La polémica, a la vista de esa sala tenuemente iluminada con inscripciones sánscritas en las paredes y un olor extraño mezcla de incienso y cagaditas cabrunas, les parecería a los dos una cosa bastante polvorienta y añeja una vez que se la evaluaba desde los nuevos templos de la contemporaneidad.

Para ambos, qué duda cabe, el bienestar, alabado por Beveridge como un derecho y criticado por Hayek como una puerta al socialismo, se habría vuelto una materia inescrutable, polimórfica, realmente diabólica; un cuerpo en reinvención permanente de sí mismo, un agujero

negro del que, tras ser absorbido por él, se sale en dimensiones desconocidas del espacio y el tiempo. Ya no se trataría de derechos reconocidos y ampliados ni de socialis-
mos catastróficos e inexorables, sino de otra cosa, de esa
cosa sin nombre, de ese mejunje preparado en cocinas
satánicas, las que llevan a los vecinos a protestar por hu-
mos, olores y ruidos, y que se cierne sobre nosotros como
un destino de perdición o una isla afortunada, que, para
el caso, tanto monta, monta tanto. La voracidad de bienestar emocional poco tiene de controvertida y polémica.
Es un *hecho*, uno de aquellos hechos que se apoderan del
espíritu de los hombres en una era no como dicen los
apocalípticos de *pecaminosidad consumada*, sino de *banali-
dad consumada*.

Nuestro yogui, que ha terminado por rumiar el pasto
con las cabras a las que pastorea en un parque urbano tras
cada sesión de yoga, regresa al hogar con un íntimo sentido de plenitud. A la pregunta consabida de su mujer no
sabe qué responder, pues la mixtura de flexibilidad corporal, relajación mental y cercanía animal pertenece al reino de lo inefable. Uno de sus pequeñines, que augura una
pubertad jacarandosa, le pregunta a calzón quitado: *papá,
qué tal con las cabras*. La otra, más pizpireta y menos mo-
hína, le hace un requiebro diciendo: *y mañana, qué, papá,
¿nos tomamos los cereales con leche de cabra?* Pero no, amigos,
al yogui su sentimiento de beatitud le dura lo suficiente
para surfear tan aviesas vicisitudes filiales sin que se le
demude el rostro. De algo sirve haber experimentado el
placer de sentir, en las propias carnes, la pezuña del ma-
cho cabrío cuando se alcanza el nirvana del *Tadasana,
Adho Mukha Svanasana, Bhujangasana, Sukhasana, Virabha-
drasana I y Balasana*.

La montaña, el perro, el guerrero o el niño son posturas que el bienestar, ciencia de lo inescrutable y poliédri-
co, ha metamorfoseado en las *pinturas negras* de un Goya

reconciliado con lo banal. Hoy, como ayer, puede haber brujas y machos cabríos a salto de mata, pero indudablemente, si las cabras han pasado a formar parte del almíbar que degustamos como epígonos de los derechos sociales, por qué habremos de temer los conjuros y aquelarres que se tejen y destejen a nuestro alrededor.

Lo bueno que tiene el yoga de las cabras y la orfandad de los padres, pese a todo lo estupendos que nos queramos poner con estas cuestiones, es que, en la actualidad, hasta la fase *negra* de Goya podría entenderse como el resultado de no haber podido eludir sus visiones más tenebrosas adoptando la postura de la montaña. Al fin y al cabo, un yogui es alguien preparado mental y emocionalmente para no caminar por el lado salvaje *de la cuna a la tumba*.

12. EL BUEN SALVAJE

I

CONOCÍ hace muchos años a un muchacho de mi misma edad con el que inmediatamente hice buenas migas. Era de familia extremeña, su padre trabajaba en la construcción, su madre se dedicaba a sus labores, tenía una hermana mayor y dos hermanos pequeños. La familia vivía en el extrarradio madrileño, en una de esas ciudades dormitorio a las que hoy se puede llegar en metro.

Siempre que nos veíamos, hablaba él y yo me limitaba a escucharle. Sentados en un bar ante dos cervezas o recorriendo la ciudad sin destino concreto, a la buena de Dios, fui descubriendo el carácter indómito y un tanto descerebrado de aquel chaval listo. Me hablaba, con orgullo y marcado histrionismo, sobre todo, de sus años de colegio e instituto en la ciudad dormitorio donde residió, y a la que defendía con patriótica exaltación pese a su, reconocida por él mismo, fealdad y suciedad. Como si las basuras urbanas constituyesen a sus ojos una quimera de mármol.

En el relato de sus años de alumno zascandil, era posible detectar aquella quimera, el esplendor de una vida idealizada por el recuerdo de un aprendiz de golferías. Mi amigo fue malo, malísimo; un trasto, un gamberro, un ser incorregible; zafio, verdulero y con la prosapia de una estirpe artera y singular. Se rodeaba de dos correligionarios, que, por lo que decía, bebían los vientos por él y, en compañía tan escogida, el trío se dedicaba a mofarse de los profesores, arrimarse con malas intenciones a las chicas y maltratar con descaro y pasión sanguinaria a *viudas y huérfanos*. Aquella recua casi delictiva se había hecho su particular cortijo en la geografía, primero, del colegio y, después, del instituto. Eran temidos y respetados. Administraban su ley con esa arbitrariedad que infunde en quienes te rodean el miedo a la afrenta, el chantaje, la patada en salva sea la parte o la broma macabra.

Cuando me hablaba de sus fechorías y de la alta estima en que le tenían incluso sus profesores, que a pesar de suspenderle y hacerle repetir con insistencia nunca dejaban de bajar obsequiosamente la cabeza cuando se lo cruzaban en el patio, más aún después de que le partiese la ceja a uno de ellos con una peonza aviesamente lanzada, sus ojos se iluminaban, y su voz gutural desgranaba, maldad a maldad, la melodía de aquel tiempo de pullas y desmanes.

Paseando a su lado, me confesó que un día él y sus dos acólitos tiraron por la ventana del aula la mesa del profesor. El estruendo de los cristales rotos y de la madera astillada fue seguido, me dijo relamiéndose en la remembranza de aquella acción insólita, del silencio más absoluto que había oído en su vida. La vida del instituto se paralizó en el instante eterno en que nadie sabía qué había sucedido, y si había alguien debajo de la mesa deshecha y la ventana resquebrajada.

"Aquel silencio, las miradas atónitas de la clase fijas en mí, el profesor de mates que debía entrar en el aula volviendo sobre sus pasos y corriendo por el pasillo hacia el patio como alma que lleva el diablo, puedo decirte sin asomo de duda que fue uno de los grandes momentos de mi existencia".

II

Nos perdimos el rastro, nos dejamos de ver. Pasaron los años, nos hicimos mayores.

Por casualidad, a través de unos amigos comunes, reiniciamos la relación, y los paseos.

Aunque me dé vergüenza decirlo, buscaba en él al descerebrado de antaño, al golfo, al gamberro. Pero con lo que me topaba no era con un amago de delincuente, sino con un torvo doctrinario. La mesa arrojada al patio se había reconvertido en la masa compacta y rehabilitada de un discurso, uno de esos discursos tan de moda, impoluto, indubitable, moralizante.

El viejo rebelde, que yo asociaba en mi memoria con un concepto de la vida libérrimo y suburbial, peroraba inesperadamente sobre el progresista instituto de sus hijos, donde gracias a las concienciadas directrices de su equipo directivo, las charlas asiduas al alumnado y la *tolerancia cero* a cualquier atisbo de *bullying*, mantenido a raya por la pericia de toda una red de comprometidos informantes, llamados a ser buenos ciudadanos en el porvenir, se había logrado crear un *espacio libre de violencias*, en el que los abusones, tildados poco menos que de criminales promotores del suicidio adolescente, eran perseguidos al igual que mi amigo hacía maldades *in illo tempore:* sin tedio, ni descanso.

Cuando, en su normalizado y previsible discurso, puso el ojo verbal en los déspotas que atemorizan a los pobres de espíritu, lanzó una ristra ininteligible de exabruptos, reflejando que, en el acto de referirse a ellos, alcanzaba el límite de su odio al dilucidar, en aquellos seres tiránicos y rapaces, la hez de la humanidad, la escoria de la sociedad.

"Ellos, recalcó con gesto vitriólico y un tanto repugnante, han sido expulsados del instituto de mis hijos o han asumido las nuevas reglas de juego. Las clases están limpias de basura. No se transige allí con esa mierda humana. Ha costado poner las cosas en su sitio. Pero así se demuestra que lo que falta hoy en día es la voluntad, y no los medios. Si hay voluntad, el *bullying* pasará al olvido, que es el destino que esa lacra se merece".

Le he seguido viendo. Aún hay momentos en que la naturaleza le traiciona, y el histrionismo gamberro y disparatado le sale por los poros de la piel. Entonces, vuelvo a experimentar la súbita y perturbadora sacudida de un carácter poco recomendable, estridente y crudo como una bofetada inmerecida o una mirada asesina.

13. EL GUARDACOLILLAS

Un cuadro de costumbres podría empezar así: al levantarme un domingo muy pero que muy pronto, pues soy de acostarme temprano y despertarme como una gallina, fui dando tumbos al baño, me senté en la taza y, ensimismado por el intenso crujir del pensamiento más gallináceo, vi en el suelo dos colillas con hebras despanzurradas a su alrededor. Cómo es posible, me pregunté, si en casa nadie fuma. Pensé en mi mujer, fumadora ocasional y arrepentida, pero la descarté enseguida porque ella es muy amita de su casa y, si fuma, no mancha. Enseguida, al hilo intestinal de un postrer y enigmático crujido, que me recordó a los kikiriki de la infancia, mis dos hijos, él y ella, preadolescentes, acudieron a mis mientes. Cuál de ellos será, elucubré absorbido por la tensión del momento y el retardado alivio dominical de una jornada que mal empezaba y peor acabaría.

Ambos habían salido hasta tarde, y los dos llegaron cuando yo ya dormía. *Ergo* cualquiera de ellos, con su borreguismo acostumbrado, esa desenfadada predisposición a mancharlo todo y no recoger nada, pudo dejar en el baño, sin apercibirse, la prueba de su temprana iniciación en el fumeque. Espera, recapacita, me dije a mí mismo tras tirar de la cadena, agacharme para recoger las dos colillas y depositarlas sobre el lavabo en un trozo de papel higiénico. Me contuve de salir gritando del baño hecho un basilisco y decidí sosegarme en el salón con el primer café y el difuso amanecer que se distinguía tras los visillos.

El líquido negro se derramó en mi gaznate como un ultraje. Me sentí dolido y, como de costumbre, empecé

mi particular soliloquio de padre huérfano de valor y en-
tereza. Joder, la estoy cagando, qué educación de mierda
les estoy dando. En el instituto, no dan pie con bola, y los
profes me llaman para atribularme con sus negros augurios. En casa, el móvil los tiene secuestrados hasta el punto de que luchan entre ellos por el único cargador que
aún resiste sus acometidas. Y ahora, los cabrones fuman
a mis espaldas, seguro que beben, serán porreros dentro
de poco, y no son capaces siquiera de guardar el secreto
porque dejan tras ellos la prueba del delito.

Ahora sí que me levanté con aires ya no de padre huérfano, sino ofuscado y vengativo. Primero, fui a mi habitación, donde mi mujer expectoraba como si el covid
merodease en torno a su agitado sueño. La desperté ca-
riñoso y compungido: "Cariño, ha sucedido algo, debemos intervenir". Me acompañó al baño y vio las colillas.
Cerró la puerta diciéndome "un momentito" y yo, antes
de que ella me serenase con su templanza habitual, pues
es hija de un hogar madrileño y castizo poco dado a tre-
mendismos, en que todo se suele mojar en el bar de la
esquina, abrí las puertas de las habitaciones de mis hijos
y con voz solemne les insté a ir al salón, que había algo
importante que tratar.

Dispuse las colillas ceremonialmente sobre la mesa
que hay delante del sofá en que iban a sentarse. Mi mujer
se sentó en una silla un tanto alejada. Ellos, ya enfundados
en sus sudaderas, pues la mañana era gélida y el salón
estaba desangelado, ocuparon los dos extremos del sillón,
como si no quisieran saber nada uno del otro y estuvieran
dispuestos a arrojar al otro a los tiburones en cuanto la
ocasión se presentase. Me los conozco como si los hubie-
ra parido. Solo tienen miedo a una cosa: a que les quite
el móvil. Todo su empeño ceñudo, que se adivinaba en
su somnolencia, consistía en mantenerse impertérritos y
aguantar a duras penas lo que fuese, pues de su padre,

conocen su querencia por las charlas. Una vez, el nene, con su temple socarrón, me dijo después de una: "Vaya charla de mierda, papá". Lo que no me gustó un pelo.

"Bueno, a ver, ¿quién ha dejado estas colillas en el baño?, ¿quién fuma de los dos? Dadme una explicación". Silencio. Miradas impenetrables. Mi hija, con gestos mudos, instando a su hermano a que se delatase. "Que lo confiese él, que yo no quiero pasar por chivata". Las circunstancias se ponían en contra de mi hijo. Le miré y repetí lo de si fumaba. Silencio. Expectoración (¿el covid?). Algo así como el sonido gutural de quien refunfuña cosas ininteligibles. "Me las dio Evencio", dijo de improviso. "Cómo que Evencio, quién es Evencio", le acosé perdiendo la visión, pues un rayo de luz atravesó el salón como si el fuego de San Telmo hiciese zozobrar la nave del hogar. Mi hija glosa la figura del susodicho como un amigo mayor de su hermano, repetidor, al que sus padres le huelen el aliento cuando llega a casa. "Sí, papá —retoma el hilo mi hijo—, Evencio me da las colillas para que se las guarde y se mete un chicle con sabor a menta en la boca para disimular".

No entendía nada. Miré a mi mujer. Creí divisarla en el bar de la esquina tomándose un carajillo y mandándolo todo a tomar por culo. "Qué leches es eso de que le guardas las colillas. Entonces, Evencio fuma y tú eres su comparsa". A continuación, mi hija, que se había desembarazado del temor al castigo y se desenvolvía como Pedro por su casa, tomó de nuevo cartas en el asunto diciendo que las cajetillas son muy caras, y que los que fuman tienen que rentabilizar hasta las heces cada cigarrillo. Miré al *tolay* de mi hijo, cuyos mofletes habían engordado como cuando obtenía de la teta de su madre su ración diaria de leche. "Entonces, le dije, Evencio te da las colillas para que, cuando os volváis a ver, se las des y pueda terminar de fumárselas". "Pues sí, papá, y es que también me da mecheros, y me gustan mucho los dibujos de cada uno, pero fumar me da asco. Esta vez, las colillas se me cayeron de los bolsillos en el baño. Pero no te preocupes, que no volverá a pasar".

"La confianza entre padres e hijos nunca se puede perder", añadí a modo de epitafio. "Podéis suspender, beber y fumar, pero no nos mintáis ni a mí ni a vuestra madre". Esta legañosa y cachazuda digna hija de su padre que, como Raphael, pasó de la niñez a los asuntos en el Madrid de los años cincuenta, preguntó si podía volverse a la cama. Mis hijos no regresaron a sus habitaciones. Cogieron el móvil y empezaron su *tour* cotidiano. Yo, después de prepararles un zumito, recogí las colillas y las tiré por la ventana de la cocina, pues soy tan guarro como ellos. Con tan mala suerte de que al vecino de abajo, que ya le tengo calentito por unas humedades que no me cubre el seguro, le cayeron en la cabeza mientras sacudía unas alfombras. "¡Cerdo!", me gritó mirando hacia arriba. "¡Guardacolillas!", le respondí mirando hacia abajo.

14. CARTA A GALDÓS

Muy señor mío:

Después de muchos años, uno diría que casi toda una vida, he vuelto a leer *Fortunata y Jacinta*. El recuerdo asombrado que tenía de ella no solo se ha renovado, sino que ha alcanzado un punto de disfrute que me ha impulsado a enviarle esta misiva como forma de humilde agradecimiento.

Señor Galdós, usted, que comparece entre los grandes, y que, entre los grandes, es el más sensible a las efusiones del ánimo, a esos entusiasmos alumbrados por la imaginación, "la loca de la casa", seguramente se mostrará comprensivo con la efusión y el entusiasmo que animan la escritura de estas líneas.

Me gustaría transmitirle el inmenso placer que me ha proporcionado la pintura realista del Madrid de 1870. En concreto, la dimensión *mental* y *lingüística* de dicho realismo. Mental en tanto la novela asigna a los desvaríos y fantasías de los personajes el sentido más profundo y auténtico de lo que les constituye, como si dentro de sus mentes aconteciese la verdad última de sus éxtasis y tribulaciones. En un momento de la novela, se dice que la vida humana consiste en padecer, amar y pecar. Creo que, en esta aseveración, se asienta el realismo mental al que me refería y las infinitas bifurcaciones del mismo. Pues quien padece, ama y peca contiene, dentro de los límites de su cabeza, toda la experiencia que el hombre puede atesorar en términos espirituales.

El realismo de *Fortunata y Jacinta*, mucho más que social e histórico, es un ejemplo insuperable de realismo mental debido a que el asunto fundamental de la novela remite a la manera en que los personajes se ven arrastrados a las cimas del ideal, del dolor y del pecado por las obsesiones vitales que sellan su destino. Uno no puede sino sonreírse cuando oye decir que la novela del siglo XX descubrió, frente a la tradición realista y social de la del XIX, la mente humana como objeto de exploración narrativa. Igual que todo el teatro del absurdo ya está, completo, en Shakespeare, difícilmente se encontrará en la narrativa del siglo pasado una novela tan obsesivamente centrada como *Fortunata y Jacinta* en las simas de la mente. Y ello, además, sin ningún tufo de tipo psicológico pues, a usted, señor Galdós, le interesaba adentrarse en las oscuridades de la psique para llegar a comprender el alma humana. De ahí que pariese personajes tan intensos y vitalistas en sus furores, con un demonio interior tan acuciante, que se le terminaban volviendo locos.

La dimensión lingüística de su novela me ha hecho recapacitar en la experiencia social del lenguaje. El poderoso y rico lenguaje que hablan los personajes, de raigambre netamente popular, es un lenguaje que, aun comprensible hoy en día, hemos perdido en nuestras relaciones sociales, mucho más vacías, superficiales y limitadas que las de la España de antaño. Al leer *Fortunata y Jacinta*, cuyos ambientes están creados *desde el oído* de su autor, uno tiene la apabullante sensación de entrar en contacto con la tierra nativa de la lengua española. Tal es la riqueza y rotundidad naturales con que se expresan las voces que habitan sus páginas. Del mismo modo que al leer el *Quijote*, uno se siente literalmente avasallado por una ola gigantesca que da prueba de la fortaleza y vigor de nuestra lengua, de las inacabables posibilidades expresivas forjadas por la corriente salvaje que apelmaza, en un todo único y singularísimo, la vida social, la psicología popular y las fórmulas retóricas acuñadas a lo largo de los siglos por los hablantes del español. Su novela, señor Galdós, es lingüísticamente apabullante y hermosa. Leída hoy no puede dejar sino un poso de melancolía en quien percibe la distancia sideral entre el español que se hablaba en las calles del siglo XIX y el español que utilizamos en nuestro mundo interconectado actual.

Sobre esto, quería añadir algo más. Una novela como la suya, recorrida por la aguda intuición de las diferencias sociales, transmite la sensación de que el leguaje constituía el cemento de la sociedad, la argamasa que la mantenía unida más allá de sus diferencias. Lo que quiero decir es que, en el mundo de hoy, fenómenos tan familiares como el individualismo, que nos llevan a mantener una relación, en más de una ocasión, forzada o recelosa con los demás, podrían explicarse, en parte, por la pérdida y disolución de la experiencia social del lenguaje. Como si la desigualdad que definía a la España del XIX hubiese dilucidado en aquella experiencia, nutrida de una exuberancia, riqueza y creatividad desbordantes en los usos populares de la lengua, la manera de aproximar a las gentes entre sí y fomentar unas relaciones, todo lo problemáticas que queramos, sumamente densas y humanas. En su novela, señor Galdós, llama la atención cómo hablan entre sí personajes que ocupan distintas posiciones sociales. Hablan con sentido de la superioridad o de la deferencia, con compasión o desprecio, tratándose de los encumbrados, o con humildad u orgullo, tratándose de los subalternos, pero hablen con la intención que hablen y ocupen la posición que ocupen, hablan en un terreno común, enclavados en una misma tierra nativa, desde una lengua que los envuelve y caracteriza en toda su variedad psíquica, moral y social.

Este sentido colectivo del lenguaje es lo que hoy parece haberse perdido. Quizás, porque la nivelación en curso, el avance imparable del proceso de igualdad y la atenuación de las diferencias hayan hecho prescindible recurrir al lenguaje, a la experiencia social del lenguaje, a su vigor de raíz popular para salvar la distancia entre las clases. Evidentemente, señor Galdós, y usted segura- mente estaría de acuerdo con ello, el proceso de igualdad ha traído muchas cosas buenas y necesarias a nuestra sociedad. Pero también, ha contribuido a diluir el len- guaje hablado y escrito en unas fórmulas impersonales y estereotipadas, fórmulas propias de una sociedad iguali- taria e individualista, dos aspectos intrínsecamente vin- culados como ya señalara Tocqueville, a las que hoy está contribuyendo mucho el desarrollo tecnológico. Con ello, no solo estamos perdiendo riqueza lingüística, sino una gran parte del depósito de actitudes morales y ex- presividad psicológica que se desprende de dicha rique- za. Parecería que la desigualdad retratada en su novela constituyese un soporte indispensable de un sentido den- so de lo social, y de un correlativo uso marcadamente idiosincrásico de la lengua.

La superficialidad actual de los hábitos lingüísticos se me ha hecho presente al contrastarla con el modo de ha- blar, desenvuelto y creativo, de sus personajes, los cuales involucran en las palabras y expresiones que utilizan la parte fundamental de lo que son. Hoy no nos realizamos a través del lenguaje que hablamos, es decir, no llegamos a ser lo que somos y a dejar huella de nuestra personalidad mediante la forma en que nos expresamos, y esta relati- vización de la lengua en nuestras vidas, que la convierte en un instrumento banal y despersonalizado, creo que tiene enormes consecuencias culturales y antropológicas que está por ver de qué tipo sean. Al menos, siempre tendremos la oportunidad de volver al *Quijote* o a *Fortuna- ta y Jacinta* para comprobar la altura desde la que hemos caído a esta superficie lisa y carente de profundidad de la comunicación social que define nuestro presente.

Si la veta realista de su novela, en sus dimensiones mental y lingüística, ha sido la razón de mi lectura más intelectual, su veta madrileña da cuenta de mi lectura más sentimental y emocionada. Sí, señor Galdós, disculpe el pícaro entusiasmo forjador de esas pícaras ideas a mitad de camino entre la monomanía y la ensoñación, usted me ha metido el veneno de Madrid con una intensidad que solo iguala la locura de sus personajes. Tan loco como ellos, como Estupiñá, Mauricia *la Dura*, Guillermina, Juanito Santa Cruz, doña Lupe y, por encima de todos, Maximiliano Rubín, el más hermoso y patético Quijote parido por la imaginación del más ilustre hijo de Cervantes, anhelo fervientemente volver a recorrer el centro madrileño y sus aledaños, tratar de descifrar una vez más el jeroglífico humano de esa memoria urbana que se enciende con las luces de un café al atardecer. Y no tanto para hacer una ruta galdosiana de manual como para sentirme, según deambulo a ciegas por el gran animal capitalino, bajo el amparo caritativo de la ciudad que usted soñó y en la que yo vivo. Una ciudad que solo he vuelto a recobrar en toda su intensidad tras leer *La busca*, de Baroja, y asistir conmovido a ese final en la Puerta del Sol en que los golfos se mezclan con los obreros con las primeras luces del amanecer... y del siglo XX.

La historia y el tiempo, a pesar de todos los cambios y transformaciones operados en la piel y el corazón urbanos, no tienen la última palabra sobre las emociones y los sentimientos. El Madrid de ayer no es el Madrid de hoy, pero gracias a usted, es y será el Madrid de siempre. Y eso porque escribió su gran novela con un pie en el suelo y otro en el universo. De ahí que no exista una narración tan profunda y reflexivamente española como esta en su retrato de una sociedad y una época y, al mismo tiempo, tan asombrosamente universal a la hora de precipitarse en eso que usted, en frase magistral, deno-

mina "los huecos de la mente". Sus personajes, señor
Galdós, están atados a su realidad histórica y social, pero
por encima de todo, están atados a sus obsesiones y mo-
nomanías, a esas pícaras ideas que dan cuenta de su abismal naturaleza, de su grandeza. La cual irremediablemente los sitúa más allá de la historia y hace del realismo una
forma de transfiguración literaria.

Como ve, querido amigo, estoy emocionado, y ya noto
cómo el sentimiento puede llevarme a caer en un entusiasmo poco recomendable. Solo quería, para terminar,
citar las inolvidables palabras de doña Guillermina, mujer entregada a las obras piadosas con verdadero ardor y
desinterés, en las que, a mi juicio, se condensa toda la
sabiduría de su novela:

*Pero la complicación de causas trae la complicación de efec-
tos, y por eso vemos en el mundo tantas cosas que nos parecen
despropósitos y que nos hacen sonreír. Vea usted porque profe-
so yo el principio de que no debemos reírnos de nada, y que
todo lo que pasa, por el hecho de pasar, ya merece algo de
respeto.*

15. LA BRIGADA DE LOS LLORONES

I

A HOWARD Hawks no le gustaba *Solo ante el peligro,* la inolvidable película en que Gary Cooper se enfrenta a un grupo de malhechores sin contar con la ayuda de nadie. Y no le gustaba porque el personaje interpretado por Cooper se dedicaba durante buena parte del metraje a solicitar una colaboración que todos los interpelados le negaban. Para Hawks, que representa la ideología profunda del cine clásico americano y, en concreto, de los westerns, la cobardía de las fuerzas vivas de un pueblo en mitad de la nada se da por descontada, constituye uno de los engranajes de la narración e, incluso, del espíritu pacífico de las comunidades (nunca un peluquero o el dueño de un saloon podrán equipararse con un sheriff). Pero lo que resulta inconcebible es que el héroe participe de esa mansedumbre al mendigar la ayuda de los honestos ciudadanos y tratar con ella de sobreponerse a las dudas que le ocasiona estar solo ante el peligro. Que Cooper vacile antes de enfrentarse a los malhechores y se rebaje a la condición de mendicante de un valor que parece faltarle, como si el grupo pudiese suplir lo que uno no encuentra en su interior, es un modo de ver la película que a Hawks le salía de modo natural y que reflejaría su asimilación incuestionada de un determinado código cinematográfico. Desde Aquiles, los héroes no lloran. Y punto.

El temor implícito del severo juicio de Hawks quizá tendría que ver con lo siguiente: si proliferasen las películas de héroes suplicantes como *Solo ante el peligro,* ¿no

cabría esperar que la humanización del valeroso, realizada por vía sentimental, a través del desvelamiento de sus
debilidades más inconfesables, terminase por destruir la
épica de las pantallas y abocase a un fundido en negro de
la industria? El público habría crecido emocionalmente
con esta peripecia del dolor y el patetismo, se habría vuelto más empático respecto del sufrimiento psicológico, la
vulnerabilidad del héroe le habría permitido traspasar el
velo de la leyenda y profundizar en los aspectos escamo-
teados por la sublimación cinematográfica... En una palabra, saldría de las salas de cine convertido a los valores
de una ciudadanía ejemplar y virtuosa, para la que nada
humano resulta ajeno, pero con el coste de que su elevación a los altares de las buenas intenciones fuese el de
quedarse sin películas, sin sentido para la emulación, sin
duelos, luchas, conflictos, ni fricciones. Es decir, sin todo
aquello que hace falta para poner en marcha una historia
que sea algo más que el conducto indoloro e insípido a
un mensaje edificante. ¿Cómo Aquiles podría ser Aquiles
sin su cólera? ¿Nos lo imaginamos mendigando la ayuda
de los dánaos y los argivos tras la ofensa de Agamenón
por estar cagado ante Héctor y los troyanos?

Supongamos por un momento que proliferase el nuevo código narrativo instaurado por, a los ojos de Hawks,
la peligrosísima *Solo ante el peligro*. Contemplemos a los
productores, directores y guionistas; y a la sensibilidad
de un público en estado de radicalización emocional,
convertidos a la nueva ideología de la empatía, la debilidad, la queja, la expresión de los sentimientos, la lágrima
fácil y el *no puedo más*. Cabe pensar que si el muro inter-
puesto por los Ford y los Hawks, los Wayne y los Stewart
no hubiese mantenido las esencias del *western*, antes o
después nos hubiésemos encontrado con películas en que
los Cooper, después de mendigar infructuosamente a los
aterrados vecinos un gesto de valor, deciden no enfren-

tarse a los malhechores, se cagan la pata abajo y buscan
un horizonte laboral lejos de las Troyas de este mundo.
Comenzaría entonces un nuevo género cinematográfico
en que podríamos ver a lo que queda del héroe enviando
un currículum tras otro a empresas que ni tan siquiera
dan acuse de recibo a su solicitud. Motivo de que el me-
nospreciado candidato, que ha pasado de mendigar pis-
tolas a mendigar entrevistas, y solo ha recibido a cambio
de sus súplicas indiferencia vecinal y empresarial, expe-
rimente una caída en los infiernos ambientada en los as-
trosos bares de una ciudad innominada. *Nadie me quiere,
perra vida*, se le oye murmurar en sus días sin huella a
un *barman* que, mientras le llena la copa por quinta vez,
en un gesto de audaz humanitarismo, le dice *a esta, invita
la casa*.

II

Sostenía Dostoievski que todos necesitamos un lugar en
que poder llorar y ser consolados. Lo que nunca desveló
es qué sucedería cuando ese lugar, aquella barra de bar
donde el héroe se lame las heridas, se transformase en el
espacio simbólico de la sociedad en que vivimos; cuando
Solo ante el peligro, traspasados todos los límites, hubiese sido apurada hasta las heces de sus inagotables implicaciones lacrimógenas.

El mundo ha encontrado su horma en Simone Biles,
gimnasta que, en un gesto que la honra, con los focos
puestos sobre ella en las penúltimas olimpiadas, tuvo el
coraje de declarar *hasta aquí hemos llegado, la presión que
sufro es insoportable*. Una heroína que manifiesta no poder
más y que recibe, por ello, toda suerte de reconocimientos, elogios y parabienes es un hipotético Cooper sacado
en volandas del bar en que le cuenta sus penas al barman
por una multitud que lo jalea como *nuestro hombre pues,*

como nosotros, sufre, padece y llora. Esas gentes honestas que, tras negarse a colaborar con el héroe en su empresa suicida, le acompañan hasta la barra del bar para compadecerse de él y, sobre todo, hacerle comprender que el mal detalle de no prestarse a una muerte casi segura fue lo mejor que le pudo haber pasado de cara a su renacimiento emocional. La multitud, parece decir el gesto agradecido de Cooper mientras le llevan a hombros, siempre llora con nosotros cuando uno lo necesita. Algo que Biles puede confirmar sin lugar a dudas.

Nada más agradable que formar parte de una brigada de llorones dado que, entre llorones, la única rivalidad posible es ver quién llora más, más alto, durante más tiempo. Yo, cuyo padre era un llorón consumado que, de niño, cuando paraba y le preguntaban *¿terminaste, Manolín?*, respondía con los mocos cayéndole de las narices *no, estoy cogiendo fuerzas*, y también, en flagrante contradicción con lo anterior, un cinéfilo empedernido, no tengo ningún problema ni con las lágrimas, ni con las películas. Aunque sí he de reconocer que me inquieta la expectativa de extraer algo sólido y duradero del hoy inviolable derecho a quejarse y denunciar. Por supuesto que hay quejas y quejas, denuncias y denuncias. Me refiero, en un sentido general, a las consecuencias que acarrea que *Solo ante el peligro* y sus secuelas constituyan en la actualidad la norma, y no la excepción, en el relato que nos contamos a nosotros mismos como buenos ciudadanos que somos. Si hemos dejado de buscar, en un mundo cruel y hostil, un lugar en que hallar a alguien que se compadezca de nuestras debilidades, pues el mundo se ha transformado en dicho lugar, ¿cabría hacer algún reproche tanto al *sheriff* que suplica la ayuda de sus vecinos como a estos por negársela? ¿Existe alguna vara de medir con la que, derramada la lágrima, reconocida la ansiedad, expresada la emoción, podamos juzgar con

ecuanimidad, distancia y un mínimo de exigencia la conducta ajena?

La razón última de la repulsión de Hawks estribaría
en que una sociedad sin épica ni heroísmo se disuelve en
una moral acomodaticia que le hace el juego a la buena
conciencia del público, como si la deriva de este a la compasión y la empatía tuviese la última palabra en cuanto
criterio ético. Los espectadores, a juicio de Hawks, no
deben ir a ver películas para compadecerse de sus héroes,
sino para ser exaltados por su valor, aunque este sea un
trasunto de ira, cólera o deseo de venganza. El valor del
héroe se abre paso a través de sus contradicciones, como
el hombre común perdido en la oscuridad de la sala sue-
ña y fracasa en sus sueños de camino al trabajo. En ambos
casos, hay lucha contra uno mismo, empeño por estar a
la altura de un ideal, lágrimas ocultas y la divisa mental
de un carácter porfiado que hace de la emulación su seña
de identidad, y no se resigna al pertinaz fracaso. Si fulge
una ética en el cine clásico americano es la de sus pasiones desnudas, un obstáculo en el camino del héroe y la
voluntad inasequible al desaliento de enfrentarse a los
elementos contra viento y marea. Poco psicologismo y
mucha acción. Personajes cuya complejidad proviene de
sus actos, que son los que conforman, con sus pasiones,
el carácter de aquellos.

Estas exaltaciones entre la realidad y la ficción deli-
nean un sentido profundo de la individualidad que resulta amenazado por el gregarismo sentimental. Y ello porque este fomenta el juicio de dicha individualidad como
una forma temeraria de no reconocer nuestra común y
doliente humanidad. Lo cual, hoy en día, ofende mucho
pues da a entender que uno se cree mejor y más fuerte
que los demás. Por cierto, ¿no hay un momento en la
vida que haberse creído John Wayne formaría parte del
desarrollo natural de nuestras facultades y capacidades?

¿No les estaríamos escamoteando a los niños algo más aleccionador en que mirarse que el espejo de los que lloran y denuncian? El relato victimizado de nuestra actual educación sentimental no creo que agote las posibilidades de forjar adecuadamente la individualidad y el carácter desde la tierna infancia. A no ser que se haya asumido que un libro sin mensaje y una película sin moralina son perjudiciales para la salud de las futuras generaciones porque promueven el riesgo de que estas extraigan sus propias conclusiones. Por ejemplo, la de que, en ocasiones, llorar sea menos elogiable que secarse las lágrimas y arrostrar el desafío.

Gary Cooper, tras haber enseñado la patita, se enfrenta a los malhechores y se va del pueblo con Grace Kelly y la cabeza bien alta.

16. OBLOMOVISMO

He hallado en mi indolencia de hombre confinado la fórmula magistral de la pedagogía doméstica, aquella urbanidad dulce y relajada de un esmerado paterfamilias. ¿A qué me dedico durante las horas centrales del día y el resto? ¿Qué pensamientos me ocupan? Bueno, este es uno de esos asuntos que solo se pueden afrontar con la bata manchada de tinta. Los lamparones de mi batín, como la barba que me he dejado crecer y que me llega casi hasta la cintura, al igual que la deslucida melena que me cuelga de los hombros, y que mi mujer persigue ciega de amor para cortármela mientras duermo, hablan de una existencia lánguida y quimérica. Ya solo leo en posición horizontal, y mi olfato divaga sobre qué habrá hoy para comer como principal tribulación de la jornada. La cocina y el dormitorio han sido ocupados física y moralmente por mi espíritu desde que la lentitud de la existencia me ha descubierto pliegues olvidados del alma.

Descanso y leo, como y me acuesto, despierto y me duermo. La vida es sueño, y transcurre soñolienta y apaciguada por las infinitas regiones del hogar. Cuánto me pasó inadvertido de la casa en que vivo cuando me dedicaba a ir al trabajo por la mañana y volver por la noche. Entonces, el hogar hacía las veces de parada y fonda en el tedioso y mezquino viaje del hombre moderno a sus diarias obligaciones. Ahora, estas han sido sustituidas por la más placentera disipación, me empleo a fondo en esta tesitura de disfrazar las horas de logros y hechos que no pasan de ser conjeturas y entelequias de una mente

abrumada por el sopor y la felicidad. En torno a ella, doy
vueltas y más vueltas como un ratoncillo despreocupado
de felinos malignos. Sentirse prisionero en los muros del
hogar con la imagen brumosa de un castillo barruntada
en el horizonte constituye una experiencia única que nos
resarce de virus y enfermedades.

Los ritmos lentos de la existencia clausurada han hecho de mí un consumidor desaforado de té. Me he comprado una tetera de hojalata y estoy todo el dichoso día
poniendo el agua a calentar para que las oscuras y amargas hojas terminen de apaciguarme por dentro, y refres-
carme la lengua y el estómago con ese líquido extático,
de prodigiosas y nunca suficientemente encomiadas virtudes. Tomo el té como leo y duermo, dejándome llevar
por un amargor reconstituyente que no necesita de la
cucharada de azúcar para endulzar los días. Todos iguales,
todos indolentes, todos soporíferos.

El aburrimiento y la monotonía me han engordado.
He cogido unos kilitos y en vez de reprocharme nada me
he congraciado con los michelines, al igual que con el
pelo desgreñado y la barba tupida. Alguien podría pensar
que me estoy abandonando, que viajo en un barco des-
tinado a naufragar antes o después, y sin duda quien así
opine, alguno de esos psicólogos tan majos que disertan
sobre las amenazas de la vida enclaustrada, acertará de
lleno. Me he dejado ir, me estoy yendo en posición horizontal al sueño más profundo de la especie. Soy un cuerpo ávido de sensualidad gastronómica, de espirituali-
dad mortecina, de afanes tan inciertos como la pasión de
escribir un mal poema o de contribuir al bienestar intelectual de mis congéneres con páginas de escaso vuelo.
En una palabra, por las circunstancias, pero también por
una tendencia oculta de mi naturaleza, he convertido mi
hogar en una isba, me he retirado a un nido de nobles,
practico el estilo de vida de esos tristes hidalgos perdidos

en la soledad del bosque. Tan ocioso como ellos, tan ina-
ne como las moscas, tan despreocupado de curvas y apla-
namientos y desescaladas y rebrotes como solo pueda
estarlo quien vive entregado a la hospitalidad de la taza
de té, y tiene por principal encomienda la de mullir los
cojines antes de apoyar la cabeza para leer, precisamente, *Nido de nobles*. Ah, cuánta sabiduría se concentra en
esas páginas melancólicas dedicadas por el gran Turguénev a las viejas formas de vida y los agridulces sinsabores
del amor. Nunca he comprendido mejor esa amargura
que al delectarme con ella leyéndola o paladeándola pues
los libros y el té tienen algo en común: por amargos que
sean, en su compañía pocos delitos se tendrá el deseo y
la ocasión de cometer.

Tras este rodeo alrededor de mi poblado cráneo, re-
gresemos al asunto de marras, el de la pedagogía doméstica. Yo, que como buen contemporáneo, perseguí quimeras y fracasé en mis sueños de camino al trabajo, ahora
que he regresado de las insidiosas clases con superdota-
dos adolescentes a la placidez cansina y sin presiones
de un hogar que habito entre fábulas de medio pelo, he
adoptado un método relajado de convivencia con mi escueta prole. El rudo mozalbete y la casquivana nena que
tan acostumbrados estaban al ordeno y ejecútese de
repente asisten conmovidos y un poco atolondrados al
cambio de *look* de su progenitor. Este les deja hacer, desconfiado de su natural asilvestrado, pero demasiado tranquilo como para intervenir en sus añagazas y trifulcas.
Todo el día andan regañados, estudiando poco y encole-
rizando a su pobre madre, a la cual el *oblomovismo* le resulta ajeno e incomprensible. Yo le digo "haz como yo, pasa
de todo". ¡Y funciona, vaya que sí funciona! Con mi mujer, no tanto, pero también. Hasta el punto de que mi
sensualidad gastronómica ha destapado en ella una lujuria inusitada por las buenas y bien cocinadas viandas

precedidas, de lunes a viernes, y no solo los sábados y los domingos, del preceptivo aperitivo.

Y los niños, esos lebreles tan entrañables, esa jauría bienquista, se han topado con un padre que está todo el día de coña con ellos. Ah, la indolencia, la divina indolencia, el gran secreto de la educación y la pedagogía. Qué no seremos capaces de hacer cuando no tenemos más ocupación que disfrutar soñolientamente de la vida y divertir a los otros con el impulso de nuestro bien nutrido bienestar. Sí, les tomo el pelo, me río de ellos y ellos me siguen el juego con esa displicencia del jovencito que se malicia de un ostensible cambio de papel en el adulto. Nunca mis consignas y doctrinas han calado tan hondo en el alma de la juventud. ¿Saben ustedes de qué andan necesitados los jóvenes? De tenerlos todo el santo día a nuestro rabo. Pues sí, a eso se reduce la educación de *Emilio*. A ser un mueble risueño que no incordia y da serenidad a la existencia de los demás, y en cuya bonhomía pueden desperezarse incluso los ánimos más díscolos. Mi confusa prole se ríe con mis gracias y arguye que, como no puedo desquitarme con mis alumnos, lo hago con ellos. Pobrecitos, si supieran.

Confinado en el hogar, me he vuelto parte del paisaje. Pero no como el Rey Sol, como un tiranuelo cualquiera, sino mimetizando el carácter subalterno de las cosas de casa. Soy un enser más en los días claustrales de mi familia: barbudo, greñudo, hambriento y muy pero que muy soñoliento. Y ellos asumen mi indolencia como el secreto mejor guardado de la vida, la fórmula magistral que desde siempre persiguen educadores y pedagogos: no molestar, no zaherir, no hacer daño, no imponer, no conturbar.

17. LA AUTORIDAD CESANTE

EL PADRE huérfano lo es por muchas razones. En primer lugar, porque la orfandad paterna constituye un estado del espíritu que remite, antes que a cualquier otra razón, al desasosiego de quien engendra y, sin rehuir su responsabilidad, siente que lo engendrado, el hijo de sus entrañas, le enfrenta a sus límites como ser humano, a su impotencia metafísica como padre y educador. Cabría divagar mucho sobre esta cuestión y eludir su verdad esencial, pero si pretendiésemos extender un certificado escueto y exacto al respecto, inevitablemente se terminaría reconociendo que el padre huérfano lo es como consecuencia del modo en que él mismo ha sido echado al mundo.

Decía el filósofo que, si existen sacerdotes y supersticiones, ello se debe a la propia disposición *sacerdotal* de la mente humana, a que los sometidos al dominio de una casta religiosa alientan su rendición ante los Altos Poderes. Uno, en el fondo, es esclavo de sus fantasmas y, sobre esto, cualquier explicación histórica y sociológica representa una manera de escamotear la verdad esencial del asunto. Si el hombre no fuese una criatura fantasiosa dada a los delirios más inverosímiles y a los temores y terrores más irracionales, quizás no habría sacerdotes en el mundo porque no existiría caldo de cultivo del que obtener poder, estatus y riquezas.

De igual modo, ante cuestión tan proteica como la del padre huérfano y desasistido, no conviene errar el tiro pasándonos de frenada y buscando culpables donde no los hay. La orfandad paterna, esa figura contradictoria de la vida contemporánea que expresa una imposibilidad lógica, define la mente de un padre sobrepasado por los fantasmas de su ejecutoria, por las expectativas de lo que de él se espera. Y, en ese estricto sentido *mental*, apela al mismo círculo de significados que envuelve la antedicha disposición *sacerdotal* incubada en la cabeza de los hombres a lo largo de siglos y generaciones. El padre huérfano es cautivo de la superstición segregada por la confabulación infausta de sus *espíritus animales*, del inestable equilibrio formado por sus potencias anímicas, que, en ocasiones, rozan el límite de la una devastación autoinducida. Pensemos por un momento en, por ejemplo, cómo la indeseable comparación con los hijos de otros padres que solo acumulan matrículas de honor en todos los órdenes de la existencia lleva al padre de hijos de aprobado raspado o suspenso insistente, a los que además adornan galas tan vergonzantes como la de no tirar de la cadena después de ir al baño, a mirarse a sí mismo con inquina e infligirse males psicológicos de honda factura. Más que la envidia al bien ajeno, se trataría aquí, en estos bajos fondos del alma, del desprecio a uno mismo que le brinda su indómita prole en el espejo de una profecía que se cumple desde su inicial enunciación. Cosa esta muy de la mente, pues todos sabemos por experiencia propia que nuestro destino es resultado de nuestros malos sueños, y que los sombríos animales nocturnos se erigen en la levadura donde fraguan nuestras decisiones más personales e inexorables.

Ahora bien, al ser el padre huérfano responsable último de haber sucumbido al mito de una autoridad cesante y al hallar en él, en su detritus mental, la savia de su desnortada y poco ejemplar condición vital, conviene reparar en cómo la sociedad, a día de hoy, no se lo pone nada fácil a esa especie atrabiliaria de los progenitores con escaso oficio y casi ningún beneficio. La autoridad cesa porque uno mismo es un cesante. Punto. Y si lo es, y además engendra y esparce por el mundo su semilla, pues imaginen ustedes el guirigay que se forma en torno a su agitado espíritu. Pero no todos los ruidos de esta turbamulta, del combate entre fieras dispares que asolan al desdichado con sus equívocos mensajes y contradictorios mandatos, se alimentan exclusivamente de la materia mental segregada por sus tribulaciones. El padre huérfano lo es por disposición anímica y enquistamiento social. Siendo este secundario y subalterno en la economía psíquica del *pathos* paterno, que, como queda dicho, se nutre de sí mismo, no es posible dejar de reconocer a ese enquistamiento su parte de culpa en el fenómeno que estamos sometiendo a escrutinio.

El filósofo de la historia natural de la religión acertaba sin duda al finalizar su repaso introduciendo la salvedad, que lo modificaba todo, de que el fanatismo y el sectarismo, los ciegos entusiasmos de la superstición y sus consecuencias terribles en cuanto a ignorancia, violencia e irracionalidad, no provienen del hecho de que haya sacerdotes, sino que estos son el resultado histórico de la propia e irreformable configuración del espíritu humano. Sin embargo, permítasenos esbozar una disonancia en este paisaje intelectual tan sumamente perspicaz e inquietante de la historia natural de la religión notando cómo existen estados de la mente, tal cual el de la orfandad paterna y la autoridad cesante, que se ven muy favorecidos, aunque nunca determinados, por causas externas y contingentes en absoluto homologables con los fantasmas incubados en el mal sueño de la paternidad.

Al igual que hay sacerdotes más inicuos que las más acendradas supersticiones, existen *ritos de orfandad* en un presente como el actual que en nada desmerecen las fantasías más lacerantes con que un padre huérfano se fustiga a sí mismo, la *superstición de orfandad* por la que se halla poseído. Basta pensar por un momento en cómo se asalta hoy en día la ciudadela de la patria potestad para entender a qué nos estamos refiriendo. Si un padre carece de autoridad legal para decirle a su hijo no emancipado que tiene prohibido cambiar de sexo o abortar, ¿no se estaría minando un hecho inherente a la relación contraída con su vástago y que cristaliza en una institución jurídica secular y venerable? La autonomía del hijo no emancipado, basada en esa materia explosiva que son los derechos, se esgrime como *ultima ratio*. Como tal sujeto de derechos, a él corresponde decidir, aun en el estado de tutela atribuible a su condición no emancipada, sobre cuestiones como las señaladas y muchas otras que también podríamos traer a colación, hasta convertir cualquier desliz educador, cualquier *te prohíbo hacer esto* en una intolerable vulneración de sus derechos como ser moral.

El espacio de los usos y costumbres democráticos se expande progresivamente transgrediendo cualquier límite imaginable bajo los auspicios de una *guerra contra las dependencias*, sean por causa de género, raza, especie, edad, etcétera. Ni mujeres dependientes, ni colores dependientes, ni animales dependientes, ni adolescentes dependientes. Esto no es un sueño de la mente, sino una realidad social donde todos los gatos son pardos y se mezclan churras con merinas sin hacer las oportunas distinciones. A eso me refería cuando hablaba de la materia explosiva de los derechos, a la dinámica inexorable de identificar *sujetos* incluso debajo de las piedras e inventar seguidamente *libertades* para los mismos bajo el imperativo de la igualdad.

Que la democracia de los derechos en crecimiento exponencial y las *dependencias* asediadas y situadas fuera de la ley amenacen, en su inexorabilidad lógica, con socavar los niveles más profundos e incontestados de la

existencia social durante siglos y generaciones puede constituir un peligro intolerable para algunos y una oportunidad benéfica para otros. Que toda sociedad deba tener
un núcleo duro de principios e instituciones a salvo del
cambio puede ser apetecible para unos y desestimado
por otros. Pero lo que resulta difícil rebatir es que la autoridad paterna lo tiene crudo desde el momento en que
la espiral de los derechos y la autonomía del sujeto se
adueñan de la vida familiar. Entonces, el padre huérfano, que ya vive asediado por los fantasmas que alienta su
condición desnortada, sale de un mal sueño para entrar
en una realidad insidiosa, la que, en unión con aquellos
fantasmas, como un sacerdote que cabalga la superstición dándole todo el margen posible al desbocado caba-
llo, consagra su autoridad cesante y da curso legal a la
espina que tiene clavada en el corazón. Dicho progenitor
podrá pensar de sí mismo con indisimulada acritud: *así
fui echado al mundo, así me parieron*. Para, acto seguido,
apiadándose de sí mismo, reconocer con indisimulado
alivio: *¡vaya mundo!*

18. EL PESIMISMO DE LA IGUALDAD

I

ALEXIS de Tocqueville señalaba, en su clásico *La democracia en América,* que la igualdad no se vincula necesariamente con la felicidad. Al respecto, le llamó poderosamente la atención cómo el estadounidense medio vivía angustiado precisamente por aquello que debía contribuir a su felicidad. Una de las paradojas de la igualdad es que favorece el individualismo y la competencia y, al volver líquido y cambiante el estatus de cada persona, fomenta una movilidad ascendente o descendente que provoca ansiedad en el individuo. El hombre de las sociedades aristocráticas tenía menos oportunidades que el de las democráticas, pero, al menos, tenía seguridad sobre sí mismo y su destino social. Seguridad que el segundo ha visto evaporarse, lo que le sume en una incertidumbre psíquica desde la cual los otros aparecen como amenazas y peligros, como sombras que llenan de obstáculos el camino a la felicidad.

En nuestras democracias, se ha producido una metamorfosis de la paradoja apuntada por Tocqueville. Resulta llamativo cómo una parte significativa de la atmósfera social que respiramos posee un carácter lúgubre, sombrío, desconfiado e, incluso, pesimista. Se percibe en esa atmósfera un aire hobbesiano de miedo y temor, como si los otros fuesen el infierno, y la vida resultase breve, enojosa y brutal. Recordemos que Thomas Hobbes consideraba que los seres humanos eran egoístas solitarios dominados por su instinto de autoconservación y su orgullo que, a la mínima oportunidad, se despedazaban entre ellos. El pesimismo antropológico del sabio inglés impregnó la vida social de oscuridad y tristeza pues, aunque dicha vida actuase como un cortafuegos contra la voracidad natural de los hombres, carecía de finalidades positivas y se limitaba a ser una solución estrictamente pensada para evitar lo peor. Asegurado esto, Hobbes no se hacía ninguna ilusión sobre el perfeccionamiento, felicidad y autorrealización de ese animal peligroso que era el hombre. A diferencia de Aristóteles, que cifraba en la sociedad nuestro desarrollo personal, Hobbes desconfiaba de la sociedad porque desconfiaba del hombre.

La idea de Tocqueville de que la igualdad no se vincula necesariamente con la felicidad, y la sombría visión de Hobbes del ser humano y la vida social no se pierden en la historia del pensamiento como reliquias de un museo que nunca se nos ocurriría visitar. Muy al contrario, aquellas idea y visión dicen algo de las actuales sociedades de la igualdad. Desde mi punto de vista, la angustia, ansiedad, miedo y temor no han desaparecido con el progreso y, más bien, se han transformado en una *cultura de la sospecha*. Esta posee muchas vertientes, pero más allá de sus diferentes maneras de plasmarse, transmite un tono sombrío y desconfiado respecto de la vida social. ¿Por qué la igualdad nos ha convertido en practicantes de la sospecha, qué visión del hombre está inoculando en nosotros la igualdad para que las relaciones sociales se hallen en trance de perder su carácter espontáneo y natural, y las estemos reconfigurando según procedimientos supuestamente racionales que les atribuyen una pátina fría y deshumanizada, el gélido funcionamiento de una máquina productora de *consentimientos en serie*?

Volvamos por un momento a Hobbes, ese gran creador de la figura del hombre moderno como criatura ansiosa y susceptible. Para el sabio inglés, la sociedad constituye un ente artificial creado voluntariamente por los individuos a fin de escapar a las amenazas del estado de naturaleza. En este, el hombre es un lobo para el hombre, y su libertad e igualdad naturales no están sometidas a límites legales ni morales, rigiéndose por el instinto de conservación y el orgullo. De ello, se infiere una situación de alarma cognitiva, pues teniendo derecho a todo, los demás también tienen ese derecho, con lo que el robo de la propiedad ajena puede ser el preámbulo de la pérdida de la propia. Esta espiral genera el impulso para que los hombres decidan someterse a límites aceptados por todos. La sociedad, en su sentido político e institucional, surge de ese pacto que, es importante señalarlo, no modifica la naturaleza humana ni hace mejor al hombre de lo que es, pero que, al menos, impide el descuartizamiento cotidiano. Quedémonos con la tenebrosa impresión de lo que la vida social, y no solo la natural, entraña para Hobbes.

En nuestras democracias, el miedo y el temor existen bajo la forma de la sospecha. Mas, ¿sospecha respecto de qué? En Hobbes, el miedo y el temor caracterizaban psicológicamente al hombre en el estado de naturaleza. Hoy en día, no hablamos del estado de naturaleza como epítome de lo negativo, sino del pasado, de los usos, costumbres y mentalidades de la vieja sociedad; de esa sociedad de nuestros abuelos e, incluso, de nuestros padres en la que el hombre, más que un lobo para el hombre, era un dominador del hombre. El pasado en las sociedades de la igualdad pasa por ser una afrenta cultural a nuestra dignidad, a lo que hoy hacemos alusión con la palabra *empoderamiento*. El pasado, mundo de prejuicios y estereotipos, de dominaciones de todo tipo y condición, representaría, en esta perspectiva contemporánea, un sistema de poder que nos priva de las condiciones para autorrealizarnos y ser felices. La igualdad, en un sentido

amplio, en su, posiblemente, sentido ideológico más profundo, implicaría la destrucción social del pasado en aras
a promover una naturalización completa de nuestras relaciones que las convierta en diáfanas y transparentes.
Como si, a través de ellas, se pudiese ver nuestra alma y,
de esta manera, asegurar recíprocamente que tales relaciones no estén viciadas por una insidiosa voluntad de
poder, y se sostengan en ese mutuo y sincero consentimiento mediante el que eludimos la dominación del fuerte sobre el débil.

Lo que sucede con este tipo de operación de higiene
social es lo que le sucedió a Hobbes: que el mal que
tratamos de extirpar se cuele de modo subrepticio en el
mundo reconstruido, estableciendo en este una cultura
de la sospecha en virtud de la cual todo parece quedar
reducido a evitar lo peor, y en todo se barrunta la posibilidad de un retroceso a poco que nos descuidemos.
Justo lo que actualmente expresamos mediante la fórmula *tolerancia cero* con aquello que no nos gusta, y en lo que
vemos reflejada la siniestra persistencia de unos comportamientos inaceptables según la lógica de la igualdad.
Tolerancia cero, diría Hobbes, con el *hombre-lobo*. Tolerancia cero, diríamos nosotros, con el *hombre-dominador*.
Pero se hable en términos naturales o culturales del mal,
la sombra proyectada por el lado oscuro de lo que somos
no desaparece tras expresar nuestro consentimiento y
liberarnos supuestamente del peso del estado de naturaleza o de su metamorfosis como pasado. Y ello porque
partimos de una caracterización ideológica absoluta y
negativa de lo que deseamos superar, sea el estado de
naturaleza, sea la vieja sociedad, con lo que la alternativa
a dicho estado y sociedad no podrá dejar de ser una negación de los mismos, quedando así atrapada en el momento de la negatividad, incapacitada para pensar la vida
social como algo más que evitar la guerra de todos contra

todos, o la dominación de unos sobre otros. Lo que, como resulta evidente, sume a dicha vida en una lúgubre atmósfera de pesimismo y desconfianza ya que, al carecer de un horizonte despejado y confiado delante de ella, resulta absorbida por el temor obsesivo a que lo que queda detrás de ella irrumpa en cualquier momento si aflojamos la vigilancia. También la existencia en las sociedades emancipadas, como en el Leviatán hobbesiano, puede ser tensa, angustiada y poco reconfortante.

II

La cultura de la sospecha, que halla su confirmación en el combate contra los convencionalismos del pasado y la voluntad de poder que se barrunta tras ellos, desata el fervor sumamente doctrinario e intelectualizado por reconstruir las relaciones sociales mediante la expresión compulsiva de consentimiento, palabra mágica de la igualdad mediante la que se trataría de empoderarnos. Esto lleva a una fragmentación seriada del consentimiento, a los microconsentimientos como argamasa fundamental del nuevo contrato social, a una reducción al absurdo del consentimiento que recuerda a las paradojas de Zenón. Tal reducción permite constatar por vía indirecta algo de lo que estamos en trance de olvidarnos: que la vida social constituye un artificio evolutivo basado en pactos y acuerdos implícitos. De ahí que el intento por naturalizarla y exonerarla de su carga convencional a fin de acabar con la sombra de la dominación nos precipite en un delirio asocial, que reseca nuestras relaciones, privándolas de sus ambigüedades, contradicciones y encanto particular, convierte esas relaciones en una actividad abstracta y mecanizada, robotizada, en la que, más que con seres humanos, nos topamos con autómatas que repiten de memoria el breviario del consentimiento ab nauseam y que esconden, tras semejante y pueril recitado, la angustia que les depara la presencia del otro, con quien se muestran incapaces de mantener una relación normal no inspirada por el miedo y el temor.

La cultura de la sospecha opera como un desvelamiento porque intelectualiza la vida social (todo tiene un significado y oculta una situación de poder) hasta el punto que su alternativa racional (microconsentimientos) termina por violar esa parte de lo que somos que posee un carácter social, en el sentido consuetudinario de dicho carácter, en el sentido histórico y heredado del mismo. Esa parte de lo que somos no exenta de prejuicios y estereotipos que nos permite afrontar nuestras relaciones cotidianas de forma espontánea y natural, sin ponernos a pensar previamente en el significado oculto de las mismas.

Al arremeter ideológicamente contra el pasado, contra los usos, costumbres y mentalidades de la vieja sociedad, acabamos comprometiendo la espontaneidad social. Pues al ser criaturas históricas, y no entes racionales empoderados por la igualdad, si el pasado se deslegitima de un plumazo en cuanto fuente de dominación, más que ganar en posibilidades de autorrealización y felicidad, perdemos en capacidad de mantener un trato con los otros basado en la mutua confianza. ¿Cómo pretendemos ser más libres si definimos las relaciones sociales en los términos de un contrato fundado en la sospecha recíproca? De esta manera, regresamos a una sociedad hobbesiana, cuya nota característica estriba en que lo que nos une es la desconfianza que nos profesamos.

El pasado no debe ser visto como un estado de naturaleza salvaje y brutal definido por la voluntad de poder de unos grupos e identidades sobre otros y otras, por los prejuicios y estereotipos en que se reproduce un sistema de dominación cultural, sino al contrario, como una fuente perfectible y mejorable de sociabilidad. Si algo define el pensamiento moral de la Ilustración es el objetivo de enmendar el pesimismo antropológico de Hobbes. Ilustrados como David Hume y Adam Smith propusieron una consideración del ser humano que reconocía en este sentimientos como la empatía y la benevolencia. Es decir, eludieron caer en la sombría y unilateral visión hobbesiana, lo que redundó en un concepto más amable y relajado de la vida social.

En la perspectiva ilustrada, el hombre, sin dejar de ser una criatura interesada y pasional, no estaba condenado a ser un lobo para el hombre ya que, por naturaleza, era sociable. La *sociabilidad natural* de la especie fue el gran argumento moral con que la Ilustración evitó el devastador epicureísmo de Hobbes y, sobre todo, lanzar una desesperanzada mirada sobre la sociedad, limitada a ser, según aquel, un obstáculo político a nuestros impulsos más dañinos, y no una oportunidad para poder disfrutar de la vida en compañía de los demás.

Debido a lo que nos cuesta asumir hoy en día que el pasado, los viejos usos y costumbres, incluso en forma de prejuicios y estereotipos, destilan su propia forma de sociabilidad, de empatía y benevolencia, y tras haber hecho de ellos, por decisión ideológica, el signo de una opresiva jaula de hierro para las identidades minoritarias, víctimas de un sistema de dominación cultural, nos hemos precipitado en un delirio de igualdad que corre el riesgo de no hacer las oportunas distinciones y de acabar fundando la liberación social en curso sobre los escombros de una sociedad libre. Pues, en la lucha contra las injusticias de la vieja sociedad, siendo necesaria y legítima, podemos coger demasiado impulso, y terminar cuestionando no uno u otro abuso, sino el sentido último de la vida social como experiencia humana dilatada en el tiempo. Este sentido nos revela que dicha vida nunca podrá naturalizarse por completo porque siempre será un artificio evolutivo basado en pruebas interminables de ensayo y error, de cálculos pragmáticos de utilidad.

III

La impugnación in toto del pasado, como la salida hobbesiana del estado de naturaleza, se vuelve paradójica porque, al partir de un juicio drástico y no matizado sobre el mal absoluto que representa aquel pasado y estado, no puede liberarse de la sombra de los mismos en la sociedad creada precisamente para mantenerlos a raya. Como la sociabilidad no arraiga en la historia, ni en la naturaleza y debe ser creada racionalmente a través del consentimiento explícito, nos vemos abocados a vivir con miedo y temor, a la sospecha de que cualquier relación social espontánea que no haya pasado la criba del consentimiento explícito supure el hedor de una excrecencia histórica o natural donde se visualiza la imagen del hombre-dominador o del hombre-lobo. Con ello, por muy emancipada e igualitaria que sea nuestra sociedad, esta se hallará sometida al mal hobbesiano de una desconfianza invencible entre las personas. Resquemor que fue objetivo de los ilustrados extirpar devolviendo a la vida social aquella ingenuidad y espontaneidad que el epicureísmo radical de Hobbes había aniquilado.

La nueva Ilustración, el nuevo empeño ilustrado en la actualidad, ¿no debería consistir en buena medida en reivindicar la *sociabilidad del pasado*, en establecer continuidades con la vieja sociedad, en no quemar ideológicamente todos los puentes que nos unen al *mundo de ayer*, y ello con el propósito de curarnos del malsano hobbesianismo que anida en la cultura de la sospecha? Devolver a la vida social su perdida ingenuidad y espontaneidad no significa dejar de combatir los abusos, sino asumir que, en los convencionalismos y artificios sociales, está inscrita nuestra propia naturaleza, y que destruirlos expeditivamente en cuanto fuente de prejuicios y estereotipos implica destruir una parte fundamental de lo que somos, dejando un triste y desencantado vacío que ningún empoderamiento o consentimiento podrán colmar.

El pesimismo de la igualdad sería otra de esas paradojas de los tiempos democráticos tan del gusto de Tocqueville. El liberal francés se esforzó en esclarecer los más turbios mecanismos de la igualdad no para acabar con ella, sino para armonizarla con la libertad y la felicidad. Si no seguimos esforzándonos en identificar y neutralizar esos turbios mecanismos, podemos desequilibrar la vida social imponiendo la *razón ideológica*, siempre higiénica y purificadora, sobre las ambigüedades del pasado y, en nombre de la igualdad, fomentando una atmósfera de sospecha que le quite a la relación con los demás su encanto y, también, su incertidumbre. Si no asumimos lo que fuimos, cosa imposible cuando se nos dice que lo que fuimos resulta ideológicamente inaceptable, no dejaremos de desconfiar de lo que somos pese a que nuestro mundo social sea claro como el agua. Y ello porque esta transparencia habrá sido establecida *manu militari* a costa de amputar la ingenuidad y espontaneidad de nuestra condición social.

Al respecto, y de nuevo Hobbes es decisivo en esto, no conviene olvidar que, cuando se niega la sociabilidad natural o histórica del ser humano, la sociedad política levantada sobre ese desolador vacío lleva aparejada, como compensación, la necesidad de un poder fuerte y autoritario que evite el caos. Sea el poder de un Leviatán o el de lo políticamente correcto. Poderes unidos por su común suspicacia hacia el hombre y obsesionados con la imagen del caos, cuyo pesimismo hace imposible una vida social relajada y amable, positiva y saludable, reconfortante y feliz.

Liberar al pasado de nuestras obsesiones ideológicas, al igual que los ilustrados liberaron al hombre natural de la maléfica visión hobbesiana, implicaría restituir una idea cada vez más olvidada de la sociabilidad humana que se caracteriza por la ingenuidad y la espontaneidad. Dos valores inscritos en nuestra naturaleza que se encuentran actualmente amenazados por el delirio de un consentimiento y empoderamiento llevados al límite de lo absurdo. Al límite de crear la impostada demanda de una *pedagogía social* que nos enseñe a relacionarnos, cuando esto es algo que se aprende sin necesidad de consignas ni pedagogos, sin necesidad de intelectualizar más allá de lo debido lo que se entiende en un registro básico de empatía, a partir de los sentimientos morales y buenas disposiciones anímicas con que hemos sido dotados. Y que la vida social, mejor o peor, ha sabido atender desde siempre, sin que ello entrañe, como es lógico, cerrar la puerta a la mejora de nuestros usos, costumbres y mentalidades.

19. ARDILLAS A LAS NUECES

I

EL PECADO de Cluny Brown, en la película homónima de Ernst Lubitsch, es querer dar ardillas a las nueces y, por ello, frustrar las expectativas de un comportamiento normal en la Inglaterra clasista de comienzos del siglo XX. Para una joven y pobre huérfana, interpretada maravillosamente por la inolvidable Jennifer Jones, prohijada por su tío, fontanero y hombre de mente estrecha, solo cabe dar nueces a las ardillas. Pero resulta que la huérfana es singular, aparte de ingenua e inocente, y ha desarrollado una pasión irrefrenable por la fontanería. Es oír una cañería ruidosa o un desagüe atascado y no poder reprimir el impulso de arremangarse, meterse debajo de la pila y, bien provista de herramientas, empezar a trajinar como una posesa hasta que el problema queda solucionado.

La joven es diferente. Como dice su admirador, el impostor y granuja interpretado por Charles Boyer, al que todos toman por un prestigioso intelectual checo huido de la sombra de Hitler, hay gente especial a la que le gusta hacer justo lo contrario de lo que se espera de ella, lo que en una sociedad tan estratificada, desigual e imbuida de férreos convencionalismos como la inglesa plantea un conflicto de difícil manejo. La desigualdad tiene sus obligaciones, y entre las más implacables de estas destaca la de, nunca y en ningún caso, atreverse a dar ardillas a las nueces, pues tal conducta implicaría atentar contra las leyes del universo y amenazar a la especie humana con la extinción.

En ese mundo cerrado y mezquino, retratado con ironía y humor descacharrante por Lubitsch, el clasismo nace en las alturas y recorre todos los estratos sociales, impregnándolos con el esnobismo de su origen celeste. Así vemos, en la mansión donde termina recalando la huérfana como *empleada del hogar*, a un ama de llaves y un mayordomo adustos e insoportables que reproducen, en su mentalidad y en sus actos, el estilo de sus señores. No dan crédito a que la huérfana, por un error, tome el té con aquellos, no entienden que el falso intelectual checo, que pasa un fin de semana en la mansión por azares del destino, se dirija de tú a tú al mayordomo durante la cena en que cita a Shakespeare para honrar a Inglaterra ante la mirada atónita de los señores y, en una escena de intimidad inenarrable, se comunican su recíproca y casta admiración desde aquel lejano momento en que el ama de llaves, ante los ojos emocionados del mayordomo, se dirigía a una muñeca como *milady*.

El boticario del pueblo, tan estirado como los criados y tan corto de luces como sus señores, se enamora de la huérfana y decide presentársela a su madre. Esta no dice ni mu en toda la película, solo carraspea, se duerme y ronca. Como en la mansión, con el boticario encontramos a una joven ingenua que no cuestiona nada de lo que ve y que se deja seducir por una soporífera velada en casa de aquel que concluye con una pieza musical que a la pobre huerfanita le hace soñar en medio de sentimientos inefables. Solo alguien tan especial e inocente como ella, forjada en el molde de las emociones más puras, le puede pasar desapercibido la tela de araña clasista, convencional y mezquina en que ha caído. El único que, a modo de espectador participante, percibe la belleza física y espiritual de la joven y la mediocridad que la circunda es el impostor, secretamente enamorado de ella y que hace cuanto le es posible por evitar su enlace con el relamido boticario.

Mas la pasión es más fuerte que cualquier tela de araña, y no existe convencionalismo que pueda mantener oculta la cristalina autenticidad del sentimiento, de la diferencia, de la singularidad. En la noche en que el boticario presenta en sociedad a su novia, rodeado por su madre muda y somnolienta y sus honorables vecinos, se produce un hecho insólito: aparece en escena un niño, entre ruidos tremebundos, diciendo que las cañerías están a punto de estallar. Entonces, saliendo de su embelesamiento rural, la huérfana, ojos chispeantes, gestos expeditivos, se pone en pie, se remanga, pide que le den un martillo y corre a la cocina a meterse bajo la pila para arrearle toda suerte de golpes a la cañería averiada. De pronto, los ruidos cesan, el niño la mira como a un personaje de leyenda y la huérfana, sudorosa, acalorada, feliz, con la apariencia empoderada de una Rosalía en plena actuación, vuelve a la sala para recibir el desprecio de los reunidos: la madre le pide al hijo que la lleve a su cuarto, los vecinos se disculpan diciendo que se les ha hecho tarde y el boticario pone fin al noviazgo.

II

Lubitsch nos cuenta una historia ambientada en tiempos de desigualdad, con todo el humor y la ironía que destila el contraste entre el clasismo y los convencionalismos, de una parte, y las misteriosas querencias y apetitos del corazón humano, por otra. Frente a los primeros, obtusos, rígidos, autoritarios, los segundos adquieren, en su carácter singular e, incluso, estrafalario, una densidad reparadora que en la película se encarga de subrayar el personaje interpretado por Charles Boyer. Indudablemente, el carisma y la belleza de una actriz en lo más alto de su talento como Jennifer Jones contribuye a acentuar el sentido emancipador y divertido de esta fábula sobre cañerías, nueces y ardillas.

La desigualdad, en cuanto al estado mental que segrega, establecería unas condiciones pintiparadas para el gesto liberador, pues da pie al contraste crítico y caricaturesco entre las estrecheces de un mundo social y el amplísimo horizonte que se abre cuando se sondean las profundidades de los deseos humanos. Un ser como la huérfana constituye algo así como un milagro de la creación: pobre, ingenua, inocente, encantadora y... arrastrada por el idealismo de la fontanería, por la pasión irrefrenable e irracional de acallar las cañerías a martillazos.

Gracias a lo purulento de su entorno, brilla con luz propia, hasta el punto de que el contraste entre ambos deja bien clara la superioridad de la despreciada fontanera sobre los convencionalismos que impiden reparar en su carismática pureza. Lo que al espectador entregado le termina resultando incómodo y sugerente en esta fábula es que la desigualdad que actúa como trasfondo de la misma no despide un aroma lúgubre y sombrío. Es una desigualdad lúdica, caricaturizable, risible, muy humana. El tío despótico, los señores zoquetes, los criados esnobs, el boticario relamido, la madre del boticario que solo hace que carraspear y quedarse dormida, los vecinos honorables e intolerantes, todos ellos son seres humanos, en el fondo, de buena pasta sobrepasados por el magnetismo de una huérfana dotada de un poder que, a todas ellas, buenas y entontecidas gentes, se les escapa.

Lubitsch dilucida, en el clasismo y los convencionalismos, un filón como fuente de fábulas, paradojas, contrastes, crítica social y forja de caracteres únicos. En el mundo de Cluny Brown, el pecado de querer ser una fontanera cuando se es mujer tiene el efecto liberador de una ficción en que dicho pecado adquiere la grandeza de una singularidad que, de modo ingenuo, pone en eviden-

cia el carácter mediocre, viejo y polvoriento de la desigualdad. Esta encerraría, bajo dicho carácter, el optimismo imaginario de una liberación implícita en sus usos y
costumbres. Cuanto más convencional y clasista es una
sociedad, más espacio imaginario queda a disposición de
espíritus libres como el de la huérfana y de espectadores
participantes como el impostor. Ese espacio en que se
dirime el gesto irónico y humorístico de Lubitsch se halla saturado de humanidad, en el sentido de que la imaginación de un mundo cerrado como el inglés de comienzos
del siglo xx capta su clausura sin ningún tipo de angustia
o presión, con la desembarazada libertad creadora de una
visión en absoluto ácida ni tétrica, sino llena de vivacidad
en el retrato tanto de la deslumbrante huérfana como de
las abismadas gentes que la escrutan atónitos.

III

Con el tiempo, el pecado de Cluny Brown se transforma-
ría en el derecho o el orgullo de Cluny Brown. Entonces,
cuando la desigualdad asfixiante hubiese dejado su lugar
a la igualdad inevitable, la huérfana ya no sería ingenua
e inocente, sino que seguramente estaría persuadida doctrinalmente de su derecho a ser fontanera. Cabe imaginar
una Cluny contestataria y rebelde que pone en su lugar,
con un lenguaje desenvuelto y directo, a tíos, señores,
criados, boticarios, etcétera. Estos se habrían tornado,
de buenas gentes pazguatas, en sombras telúricas de un
pasado terrible. Ya no serían posibles noviazgos inverosímiles, escenas hilarantes del té a las cinco, aristocráticos
comentarios de subordinados con prurito de clase, citas
literarias sobre la grandeza de Inglaterra ante unas clases
altas inglesas en estado de coma intelectual, ronquidos,
carraspeos, ruidos y demás asuntos concernientes a des-

agües atascados en un mundo social tan lleno de prejuicios como de vías de escape, personalidades carismáticas
y paisajes de liberación.

La Cluny orgullosa embebida en su derecho a la diferencia pertenecería al pesimismo de la igualdad, esa pátina que vuelve lúgubre y sombría cualquier invocación
a la desigualdad, impidiéndonos reparar en el sencillo
hecho de que dar ardillas a las nueces nunca debería convertirse en norma de nada. Pues de ser así, ¿cómo podremos concebir la emancipación de un mundo que tiene la
llave de nuestra felicidad y del que, por ello, está prohibido fugarse por ser la *consumación de la historia*? En este
sentido, siempre habrá más libertad en el pecado que en
el orgullo, en la extravagancia que en los derechos, en las
imperfecciones sociales que obstaculizan nuestros deseos
y nos hacen persistir en ellos contra la opinión común
que en la autoproclamada transparencia de una sociedad
puritana que a Lubitsch probablemente le hubiese dejado sin oficio ni beneficio. Y es que de la desigualdad
cabe reírse, mas quién es el guapo capaz de reírse de la
igualdad.

20. PROHIBIDO ABURRIRSE EN CLASE

TODO lo relacionado con los viejos usos y maneras de la enseñanza va quedando atrás con esa sensación de vértigo que procura vivir en un tiempo histórico tecnológicamente acelerado. El profesor que habla, el alumno que escucha, la memoria, los apuntes, los exámenes, incluso el mismo concepto de asignatura empiezan a despedir ese aroma vetusto de una especie cultural a punto de extinguirse. El vacío resultante se envuelve con el manto prestigioso de un progreso sin controversia posible, de un evangelio educativo de obligado cumplimiento tanto por su potente base tecnológica como por su orientación pedagógica.

Entre las muchas virtudes de la innovación educativa, se encuentra la proscripción del aburrimiento. Dado que el alumno, más que el conocimiento, es el protagonista absoluto, todo se orienta a la estimulación de sus capacidades, habilidades y competencias, lo cual solo puede hacerse en un entorno proactivo que evite la pasividad del oyente de un discurso manufacturado. Como si esa pasividad fuese consustancial al hecho de escuchar a un profesor disertando sobre un asunto particular. Docente que, por acomodarse a un magisterio antiguo, quedaría desacreditado al reproducir una pauta de comunicación intelectual con fuertes resabios autoritarios y jerárquicos. Tal desacreditación opera al margen de lo que el profesor comunique al alumno. Da lo mismo que domine su campo o sea un charlatán de feria. Si basa la clase en sus palabras, en su voz, en la pura y exigente transmisión de un conocimiento, al igual que un autor basa los libros que escribe en un saber inevitablemente idiosincrásico que hace de él lo que es, pertenece a la añeja y superada *cultura de los apuntes* y, por tanto, es desautorizado como un ejemplo recalcitrante de hábitos condenados por el progreso pedagógico, para el cual el sentido de la autoría, sea aplicado a una clase o a un libro, se diluye en un ritual comunicativo de otra especie, más interactiva y entretenida.

A mí me preocupa particularmente cómo la doctrina de la innovación educativa tiende a crear una imagen ideologizada del pasado, un estereotipo negativo y reduccionista de los viejos usos y maneras de la educación. Imagen y estereotipo que ocultan la ambigüedad y la riqueza de muchas cosas que hoy pasan por males y vicios, y cuya virtualidad formativa no cabe desdeñar con suficiencia.

Considero que aquellos usos y maneras tan denigrados en la actualidad poseen dos claras ventajas respecto de los que pugnan contra ellos para reinar en su lugar: primera, carecen del doctrinarismo que avala la innovación educativa y, con ello, del grado de enfermizo entusiasmo burocrático que dicha innovación alienta. Segunda, quizás debido a lo anterior, a su factura más roma en lo doctrinal, están más cerca de un sentido común y prosaico de lo que es y entraña la vida.

Antaño, el sistema educativo giraba en torno no al alumno, sino a la transmisión de conocimientos. Y por no poner el énfasis en el alumno, asumía, como parte de la educación y, podríamos decir, de la vida, que, al igual que en esta caben la rutina y la monotonía, así también en el aula. Sin embargo, del mismo modo que la rutina y la monotonía en la vida pueden despertar nuestro anhelo de fuga y evasión, de mejora y perfeccionamiento; en el aula, a través del conflicto entre nuestros deseos y la no siempre dulce realidad, pueden fomentar el aprendizaje por vías oblicuas e inesperadas.

No sé si el joven Max Weber se aburría en clase, pero al parecer, mientras el profesor de turno peroraba mezclando hechos y valores, el futuro y genial autor de *La ética protestante y el espíritu del capitalismo* leía con avidez un volumen de Goethe que tenía guardado en su pupitre.

¿Aprendería Weber que un hombre como Goethe nace cada mil años gracias al sopor de ciertas lecciones poco magistrales?

¿Podemos descartar que el saber aburrirse en clase contribuya a la formación integral del alumno?

Si el aula es una parte pequeña del mundo, y el mundo es imperfecto y nos enfrenta con continuas contrariedades, ¿no debería asumir el sistema educativo esa imperfección y esas contrariedades como una dimensión fundamental del aprendizaje y la enseñanza?

No diré que haya que ir a clase a aburrirse, pero me pregunto cómo deslindar la hoy en día tan exaltada excelencia del parco y genuino conocimiento de la vida; por qué razón blindar el aula contra las evidencias, en forma de contradicciones y ambigüedades, suministradas por dicho conocimiento.

La vida, incluida la del estudiante, no acontece en pulcros laboratorios santificados por la magia del progreso. Y por pretender que así sea, quizás estemos arrumbando algunas cosas importantes. Precisamente, aquellas que se olvidan al dejarnos subyugar por el embrujo reduccionista y opresivo de la perfección, de un mundo sin fisuras, donde el aburrimiento y el asombro están enfrentados sin remedio según la doctrina imperante.

¿En cuántas fantasías y sueños, no todos ellos aleccionadores y edificantes, es capaz de reincidir una y otra vez la mente inquieta del alumno en el transcurso de una clase soporífera? ¿Cuántos proyectos y visiones no pueden deslizarse por la adusta pendiente de una explicación sin pies ni cabeza? ¿Cómo excluir la posibilidad de que el hábito lector se incube por contraste con el monótono transcurrir de una lección que recuerda a un ramillete de hojas sucias y polvorientas?

Lejos de mi intención hacer una apología del mal profesor. Tan solo afirmo que la enseñanza forma parte de la vida, y que esta sigue rumbos imprevistos, informulables en una receta mágica. Magia por la cual se nos garantiza el éxito si nos atenemos a unas reglas probadas y eficaces, a un camino pensado hasta el más mínimo detalle para dar rienda suelta, paradójicamente, a nuestra creatividad. El problema planteado por este arte pedagógico tan confuso como embaucador que predice resultados y entretenimiento con seguridad metodológica absoluta sobreviene al convertirse en doctrina burocrática de un progreso imparable. Es decir, al desplegarse en la forma salvífica y redentora de toda una serie de insufribles procedimientos de control, que castigan al profesor e infantilizan al alumno hasta límites impensables. Lo que en la Universidad tan europea que hemos implantado durante los últimos años se encapsula en la fórmula *Plan Bolonia*.

A los ojos de semejante doctrina burocrática de salvación, la imagen del joven Weber leyendo en secreto a Goethe resultaría inconcebible por antigua, por pertenecer a un tiempo donde aún existían jaulas de hierro que obligaban a fugarse de ellas. El alumno feliz, que participa y se divierte en el aula como nunca antes montando por sí mismo un lego cultural, que desarrolla su pensamiento crítico, que cultiva una actitud dialogante, que tiene opinión propia, que sabe y quiere hacer trabajos en grupo, y que no duda en poner a la memoria y al profesor divagador y especulativo donde les corresponde, es decir, en la última fila, ya no experimenta la necesidad de evadirse de ninguna jaula de hierro, pues todas ellas pertenecen al imperfecto pasado de los pupitres mágicos, las lecciones atrabiliarias y las lecturas clandestinas.

Llegados a este punto de perfección del sistema educativo y de autorrealización del alumno, al que subyace toda una filosofía de la historia deslumbrada por la magia santurrona y tecnológica del progreso, uno teme que el aula pierda su condición mundana y vital, deje de ser una fuente, como cualquier otra, de malestar y contrariedad, de insatisfacción personal e institucional, pero también, de conocimiento, experiencia y disfrute, aunque sea a través de caminos sorprendentes e inesperados. Y se transforme en un ambiente irrespirable para aquellos "discípulos indómitos" que Ramón y Cajal quería como alumnos suyos. Los cuales, ante la vieja jaula educativa, aún tenían la posibilidad de aprender contra la corriente. Sin embargo, cuando la corriente se vuelve completamente benévola y benefactora para el desarrollo del alumno por decreto pedagógicamente justificado, y hace del estudiante el protagonista absoluto de la educación, ¿no resulta anacrónico y, ahora sí, fuera de lugar perder el tiempo leyendo al clásico en secreto?

La realidad habrá dejado de chocar contra el deseo tan liberador de fuga y evasión, y el espíritu del alumno normalizado se descubrirá dichoso en su esclavitud, en la transparencia privada de obstáculos de un sistema educativo definitivamente a la altura de los tiempos.

21. LA ORFANDAD DE LOS PADRES

Anda por ahí perdido, frente a una unidad de la policía municipal, por la zona de Carabanchel, bajo el calor vespertino de finales de junio, un padre huérfano. Va rumiando su angustia, mientras busca la entrada del complejo donde un amable y juvenil, por la voz desenvuelta y directa, policía-tutor le ha convocado. El padre, tras recibir la llamada, ha ido en metro porque, aunque la Avenida de los Poblados no le pilla lejos de casa, no tiene GPS en su coche y, además, carece de las mínimas habilidades de orientación para conducir por esa ciudad desgarbada y amada que es la suya. El trayecto en metro ha sido arduo, la angustia crecía a medida que el calor apelmazado del suburbano transpiraba por los vagones y las escaleras mecánicas como un negro presagio.

En mitad del viaje a lo desconocido, aún fue capaz de llamar por el móvil a un amigo policía para decirle lo que había hecho su hijo y preguntarle qué consecuencias podía acarrear. El amigo, gaditano de origen y sportinguista de corazón, tío de una pieza como hay pocos, leal y tallado en el bronce irrompible de una vieja amistad, le preguntó por la edad de su hijo, si estaba en la unidad de menores, si se trataba de un hurto o un robo, si le habían tomado las huellas... porque dependiendo de todos estos factores, habría que ponerse en una u otra situación, contemplar unas u otras posibilidades. El padre se acojonó y suspiró.

Su hijo, con un colega, chavales de catorce años cumplidos y, por tanto, imputables, habían robado en la tienda de un centro comercial una camiseta de tirantes y unos calcetines deportivos. Valor: veinticinco euros. Llevaban diez, y no les llegaba para el regalo de cumpleaños que querían hacerle a otro colega. Los muy merluzos, que no son los "hijoputas" que vemos pasar por aquí, le decía el joven policía que le recibió en la unidad tras hablar con él por teléfono, un agente especializado en delitos de menores que vestía como ellos y llevaba una chapa de Maverick en la camiseta, habían metido la camiseta y los calcetines en la mochila bajo la mirada desconfiada y atenta del guardia jurado, profesional eficiente que les había echado el ojo en cuanto entraron en la tienda. Pues chavales de 3º de la ESO con mochila en una tienda de ropa de un barrio humilde despiertan siempre recelo y sospechas en quienes tratan de evitar el robo. Cazados con el botín en el bote cuando se dirigían, creyéndose invisibles, a la salida, fueron conducidos a un cuarto donde el guardia jurado, en vez de asustarles, pegarles quizás dos bofetadas y echarles de la tienda con cajas destempladas a los confines del universo, como se solía hacer en los tiempos juveniles del padre huérfano, presididos por el mito del cuarto oscuro de El Corte Inglés, sala de torturas imaginada en una época sin otra inquisición que el desahogo y amedrentamiento de los vigilantes privados, les explicó las consecuencias legales y judiciales de su acto, llamó a la policía y dio aviso pulcra y profesionalmente de que presentaría la correspondiente denuncia. El guardia jurado tuvo con ellos un comportamiento impecable, hizo lo que debía hacer, no les tocó un pelo y dejó el caso en manos de la ley y sus representantes.

El proceso en curso tuvo su continuidad en la unidad de la policía municipal que se encargó de gestionar la situación creada por los dos merluzos. A tenor de lo explicado jovial y desenfadadamente por el encantador y cercano policía-tutor, el padre indignado y herido pudo entender que habría de esperar en su domicilio una carta certificada en la que, posiblemente, sería convocado a un juicio con su hijo y la otra familia. Pudiera ser que los abogados de la tienda, hecha la denuncia, buscasen un arreglo extrajudicial basado en el pago del precio de los productos sustraídos y una multa, pero el juicio, interpuesta la denuncia, se avistaba en el horizonte como un elemento más de las furias desatadas por el delito.

Salieron padre e hijo a la primera llama rojiza del oscurecer cabizbajos y resentidos. El padre murmuraba denuestos y el hijo recibía el golpe callado y con un punto desafiante en la mirada. Al desamparo en que se hallaban contribuían unos edificios feos de solemnidad, desconchados, que, al modo de una colmena, exhalaban el hálito de la supervivencia. El padre se sintió como un náufrago perdido en la inmensidad del viejo Madrid de sus lecturas, como si el mundo barojiano del extrarradio se burlase con acritud de su orfandad. "Somos unos gilipollas", le dijo a su hijo. Y este, cavernícola entre los cavernícolas, le respondió que lo sería él.

Durante el viaje de vuelta a casa en metro, después de que el hijo mostrase su asombro por la falta de un coche que le trasladase al hogar y tener que afrontar un regreso excesivamente largo para sus intereses, el padre, mirándole por el rabillo del ojo, queriéndole como solo se puede querer a un zoquete de amplitudes cósmicas, pensó en el año horrible que llevaba la criatura. Todo empezó con un robo en casa: cincuenta euros. El niño, al que le gustaba la ropa de marca y vivía alucinado por las redes sociales, se los había quitado de su cartera para comprarse, como decía él, una camisa de pijo. Primer sofoco, primer apocalipsis. Al cabo de unas semanas, llamada del instituto. No para, como era habitual, quejarse del tonillo del chaval en clase con los profesores, que estaban de él hasta la coronilla, y alertar de su ristra de cates, inmensa, prolija, verdaderamente universal, sino para denunciar un atisbo de conducta racista con una compañera negra. Segundo sofoco, segundo apocalipsis. En este caso, a diferencia de los cincuenta euros, el hijo negaba el racismo y decía que todo fue un juego en virtud del cual él llamaba "morena" a su amiga negra y ella a él, por su pelo, "zanahorio". Poco después del incidente racista y xenófobo, que clamaba al cielo y llevó al padre a lo que él consideraba los límites siderales del penoso universo adolescente, llamada un viernes ya de noche de la policía informando de que su hijo se había derrumbado ciego de alcohol en la calle.

En camiseta y zapatillas, el padre coge el coche porque, en este caso, el suceso era al lado de casa y sabía llegar con los ojos cerrados, y experimenta el apocalipsis de un tercer sofoco que le expatría del mundo y hace de él, de su miserable y paupérrima existencia, un desterrado del universo. Allí, entre los amigos asustados del convicto, el Samur y los dos policías, él y ella, encargados del asunto, pudo distinguir a su hijo sentado en la terraza de un Burger King, demacrado y amarillento, mirándole con ojos de cordero degollado, pero también con displicencia, desafiante. Se apiadó de él hasta lo más hondo del corazón y pudo salvar, de la escoria del olvido, el retrato de aquel año horrible enmarcándolo en un sentido de la paternidad que trascendía las palabras conmiserativas y atentas del Samur y burocráticas y comprensivas de los dos policías. Estos tomaron nota y descartaron cualquier medida que pasase a mayores, aunque le dijeron que los datos de su hijo serían introducidos en el sistema. Estaba, pues, fichado, pensó el padre compadeciéndose de sí mismo con acentuado dramatismo. Al fondo del sistema, en una imagen fantasmagórica, pudo vislumbrar lo que también atisbaría tras el robo en la tienda: la figura de un Juez que, con el mazo en la mano, aparte de castigar al hijo, se lo robaba al padre, denunciado, en la letra invisible de la sentencia, como un inútil total, un educador fracasado.

Llegaron a la estación donde habían de bajarse. El metro los escupió como una babosa recriminadora y sancionadora. Aún debían andar durante quince minutos hasta llegar a casa. Hacía calor, las farolas tornasolaban el estío con rumores de expiación, las bulliciosas aceras de aquel barrio latino y marroquí hacían el coro a su desgracia. La ciudad maldita, la ciudad amada, la ciudad acuciante. "Joder", suspiró el padre sin pecho ya para dar cabida a tanta angustia y percibiendo el dolor estomacal que le impediría conciliar el sueño en aquella noche infausta, "tengo un hijo que me roba, que roba a otros, que bebe y que votará a Vox en cuanto de la edad imputable pase a la edad cívica". Volvería a hablar con él, volvería a echarle la charla, como después de lo de los cincuenta euros, del incidente racista y de la borrachera con licor de manzana, que obedeció al simple hecho, según el atolondrado chaval, de que "tenía mucha sed". Volvería a quitarle el móvil, a dejarle sin juegos en el ordenador (restringido a asuntos escolares); le volvería a prohibir salir con los amigos durante un par de semanas y, cuando saliese de nuevo, le volvería a pedir que le echase el aliento al llegar a casa. Arde la indignación de un padre huérfano como la yesca en un bosque infinito, hasta que uno se quema con el fuego de su ira cuando ya no queda nada que arrasar.

Al final de la noche, en la última estación del sueño que le rehuyó durante toda la madrugada, el padre ató cabos consigo mismo y se acordó de sus borracheras juveniles y de cuando robaba, de vez en cuando, con su amigo policía y otro colega que también lo terminó siendo en una ciudad del sur, Phoskitos, Tigretones y Panteras Rosas, y cuando uno de los tres entró en un probador de El Corte Inglés, le quitó la chapa a un pantalón de deportes de la marca Adidas y se lo puso debajo de los vaqueros, saliendo del centro comercial tan virgen de bofetadas como había entrado y vitoreado con secreta envidia y admiración por los otros dos.

El fantasma de la madrugada le desveló que su hijo no era más zoquete de lo que lo había sido él o sus amigos, más proclive que ellos a la delincuencia, que no estaba más perdido y desorientado que los adolescentes de su errática adolescencia. "Mierda", gritó sudoroso entre las sábanas que le devolvían, como un barco a la deriva, del destierro a la patria, "si este merluzo es lo que todos alguna vez hemos sido. ¿O no tiene derecho alguien de catorce años a su peor versión y a experimentar con el desconcierto que dicha versión entraña? La diferencia, la gran diferencia, es que antes era complicado que, por caerte redondo en la calle o robar en una tienda, la policía terminase llamando a tus padres. Aprendías a beber o te convertías en un alcohólico bebiendo con los amigos. La consecuencia de robar cosas de poca monta era bordear las bofetadas del cuarto oscuro, pero no terminar en manos del sistema, de un sistema pulcro, profesional, bienintencionado y profiláctico, que sirve y protege con mucho esmero y poco sentido común. Realmente, ¿qué preferirían los chavales de 3º de la ESO que, como mi hijo, llevan la zoquetería hasta límites inaceptables: el extremo de la intervención policial y la denuncia por parte del guardia jurado o un par de bofetadas bien dadas que zanjen el asunto? ¿Debemos meter a las instituciones hasta en la sopa? ¿Se merece un padre huérfano e inútil y un hijo orgulloso y estúpido que la policía llame al primero tras ser avisada de la borrachera del segundo (bebida: licor de manzana) o del hurto (valor: veinticinco euros) que ha cometido?".

Quizás sí, cabría responder a esas palabras. Pues estos muchachos de hoy tan perdidos como los de antes y los del futuro deben asumir el tipo de sociedad vigilante, minuciosa, intervencionista, controladora, desconfiada y moralmente prevalecida e insidiosa en que viven. Prohibido experimentar, chavales, prohibido meter la pata, prohibido pecar. Que, a la mínima, por vuestra salud mental y conductual y el bien de todos, meteremos las narices en vuestros asuntos con el loable fin de reformaros antes de que estéis echados a perder. Para eso están las instituciones y sus agentes en una sociedad eficaz y decente, para protegeros de vosotros mismos e, incluso, de esos padres que viven ensimismados. Lo que a estos se les escapa, lo caza al vuelo la sociedad porque el vecino que ve al joven tirado en la calle y el guardia jurado que le sorprende robando no bajará a ver qué pasa exactamente, ni acojonará al chaval antes que denunciarle, sino que informará, como un buen ciudadano y un buen profesional, a las autoridades, cuya lógica es la que es y dimensiona los problemas del modo que corresponde. Todo limpio, todo aséptico, todo muy profiláctico. El pecado, el error, el delito, sin matices ni gradaciones; el propio y muchas veces salvaje experimentar de la juventud se ha de lidiar con guantes de goma y mascarillas. Para que el descreimiento de una sociedad, como la de hace apenas veinte años, con un sabio margen de indiferencia y confianza en el ser humano y sus atrabiliarias etapas formativas, en sus propias e intransferibles habilidades de adaptación al medio y supervivencia personal no contamine la pedagogía social que deben asumir y de la que deben dar ejemplo unas instituciones concienciadas hasta el paroxismo de su labor reparadora, enmendadora, reformista y terapéutica. Nada ha de quedar sin supervisión ni vigilancia, al albur de lo incierto, de los procesos de maduración de cada uno, de sus problemáticas edades y desarrollos.

Si la ciencia llega a la verdad a través del ensayo y el error, la sociedad no puede permitir a sus miembros tan ambigua e indeterminada experimentación con sus vidas. Hay que aleccionarlos desde su adolescencia con el procedimiento impersonal de una verdad imperativa, perentoria, intervencionista; con doctrinas y doctrinarismo a flor de piel que, eludiendo la violencia anárquica y el aprendizaje sinuoso y a trompicones, nos libren de nuestra perdición emancipándonos, expeditivamente, de vicios y pasiones, del derecho a estar perdido en la vida y estrellarte una y otra vez contra ti mismo, hasta, a base de abrirte la cabeza con tu estupidez, sacar algo en claro, lo suficiente para vivir, y no arrastrar la vida hasta el fin.

El padre le echó dos charlas a su hijo. La primera, en caliente, le abrió los ojos a su estulticia, a que la sociedad no es su casa, que hay unas normas y que hay que cumplirlas. Esta charla terminó en una ristra de prohibiciones: durante varias semanas, te quedas sin...

La segunda charla, después de la vigilia nocturna y la epifanía vivida por el padre tras ser despreciado por el sueño, expuso al hijo el adolescente que fue su progenitor y le señaló la diferencia de épocas que, como una sima entre lo medieval y lo contemporáneo, se abría entre sus dos juventudes. En esta charla, el padre, que habló infundido del espíritu de un profeta del Antiguo Testamento y al que su mujer, asegura esta, vio levitar hasta golpearse la cabeza contra el techo del salón, rebajó las prohibiciones, permitiendo al hijo, tras un fin de semana castigado, salir a la calle con sus amigos. "Es con tus amigos", le dijo como un mesías del pasado, "tomándole la medida a cada uno y viendo cómo ellos te la toman a ti, con quienes debes aprender a no cruzar la frontera. Cualquier otra manera, por bienintencionada que sea, te va a convertir en una especie de cobarde social, de joven temeroso de decir y hacer tantas cosas que, posiblemente, termine siendo un infeliz, un desgraciado, un hipócrita con mucho odio y frustración en las entrañas. Y ese destino no se lo merece nadie en una sociedad que aún mantenga unos mínimos de decencia y confianza en sus miembros. Es decir, una sociedad que no pretenda hacerse cargo de todo y deje un amplio espacio libre de control a los errores, el aprendizaje y el buen sentido de quienes la constituyen, a esa zona de los comportamientos que pertenece no tanto a la ley como a los hábitos y las costumbres. Sin estos, la pérdida consiguiente de naturalidad y espontaneidad la terminamos pagando todos, padres, profesores, jóvenes, instituciones, etcétera con un miedo creciente y recíproco. Y así no debemos vivir porque la sociedad profiláctica que no tolera la más mínima mancha (tolerancia cero a todo lo malo y perverso, liberación absoluta del mal en cualquiera de sus formas y manifestaciones) nos conduce, en su sueño de pureza y transparencia, a la sospecha continua y el histerismo paralizante, a un concepto de lo que somos que ha sido privado de la intuición necesaria para saber poner las cosas en su lugar y no sobredimensionar los problemas, o esquematizarlos a través de unas anteojeras ideológicas por completo ajenas al rumor de la vida".

Esta historia me la contó el amigo policía del padre al que este llamó angustiado cuando se dirigía a la unidad donde se encontraba retenido su hijo.

Yo, un día que no me apetecía dar clase, se la conté a mis alumnos, que, después del covid, se encuentran medio desplomados, sin ganas de nada, sin interés por nada más que su ombligo y se han vuelto extremadamente suspicaces y albergan un sordo cabreo con la sociedad. Como era de esperar, cogieron el rábano por las hojas. "Entonces, profe", me dijo el listillo de turno, "el rumor de la vida significa que todos a beber y a robar, ¿no?, pues solo bebiendo y robando aprenderemos a no ser desgraciados y acobardados de mayores".

A ese listillo, me lo imaginé en el cuarto oscuro recibiendo... su merecido.

22. EL CÓDIGO Y EL TALENTO

I

DEL AÑO 1947 son dos cumbres del cine negro americano: *Fuerza bruta,* de Jules Dassin, y *La dama de Sanghái,* de Orson Welles. Dos películas que exponen los códigos profundos de aquel cine y dan muestras del talento de sus directores. La primera es una película carcelaria. La segunda, una película inclasificable que, en torno a la figura de la *femme fatale,* compone una reflexión sobre la crueldad como quintaesencia del mal.

El zarandeado marinero irlandés que interpreta el propio Welles, atrapado en la maquiavélica tela de araña diseñada por una arrebatadora Rita Hayworth desde su primer e insólito encuentro en Central Park, nada tiene que ver con el carismático y angustiado personaje interpretado por Burt Lancaster. Este se halla prisionero en una cárcel dirigida nominalmente por un alcaide débil y realmente por el jefe de los guardianes, un sádico, el capitán Munsey, capaz de incitar a un preso al suicidio por negarse a delatar a sus compañeros.

La crueldad de *Fuerza bruta* es explícita y queda condensada en la escena en que el sádico tortura a un preso hasta la muerte con una pieza musical a elevado volumen de fondo, y donde se muestran los rostros tensos y exasperados de los demás guardianes en una sala contigua mientras perciben con claridad lo que se esconde tras la horrible melodía. En *La dama de Shanghái,* la crueldad se ventila como un asunto menos explícito, posee un carácter casi abstracto que solo llega a asumir un componente directo en los diálogos en que los personajes se despedazan unos a otros.

La Hayworth, casada en la película con el más grande criminalista de los Estados Unidos, el físicamente demediado personaje interpretado por Everett Sloane, persigue deshacerse de este mediante un artero plan que cuenta con la aquiescencia del socio de aquel y la involuntaria participación del marinero irlandés. En un viaje en barco por aguas caribeñas, la *femme fatale* se hace la víctima de la perversa inteligencia y las oscuras perversiones de su marido ante un Welles que irremediablemente está abocado a caer en su tela de araña. En ese viaje, el marinero asiste a un diálogo a tres bandas entre el criminalista, su socio y la esposa que le deja literalmente asqueado. Sin poderse contener, les interpela comparando la diatriba que unos a otros se han dirigido con un recuerdo que tiene de uno de sus viajes, en el que vio a un grupo de tiburones volverse locos por el olor de la sangre y terminar devorándose entre sí. El asco del marinero irlandés, que solo le permitirá liberarse de la seducción sexual de la Hayworth cuando esta agonice, resulta paralelo al rostro de los guardianes de la prisión cuando oyen la música a todo volumen y entienden con horror lo que significa.

La crueldad explícita del sádico que gobierna con mano de hierro la cárcel de *Fuerza bruta*. La crueldad estilizada en diálogos entre tiburones que da un tono abstracto y formalmente innovador a *La dama de Shanghái*. El jefe de los guardianes es directo, se le ve venir, sabemos de qué pasión es deudor. Se lo dice a bocajarro el médico de la prisión, un hombre ya mayor, como el alcaide, alcoholizado y atormentado por las duras condiciones de vida de los prisioneros. Lo que motiva el sadismo del torturador es su ambición desmedida, la voluntad de poder que le roba el sueño, el deseo apenas velado, le dice el médico tras recibir un golpe violento del carcelero, de ocupar el puesto del alcaide, cosa que sucederá finalmente. En la película de Welles, más allá de la voluntad de la Hayworth por librarse de su repugnante e inteligentísimo marido, los motivos últimos de los personajes no están esbozados abiertamente. El criminalista, millonario por jamás haber perdido un caso, no tiene nada de la presencia física amenazante del jefe de los guardianes, camina apoyándose en dos muletas y se encuentra tan alcoholizado y es tan inteligente como el médico de *Fuerza bruta*. Pero su alcoholismo e inteligencia no derivan en una actitud compasiva y empática, como en el caso de aquel, sino en la crueldad del sádico, aunque sea una crueldad inaccesible de la que solo subsisten como indicios unas palabras cargadas de veneno.

El carismático personaje que interpreta Burt Lancaster organiza una fuga a la desesperada que concluirá trágicamente. Dicha fuga le permitirá, antes de morir tras ser acribillado por las balas, vengarse del jefe de los guardianes peleando con él, derribándolo, elevándolo con sus poderosas manos sobre sus hombros en la torre de vigilancia y lanzándolo desde lo alto contra el suelo de la prisión, donde los presos, soliviantados por el tumulto, se lanzarán sobre el cadáver y, como unos tiburones enloquecidos, lo despedazarán en un ritual con evidentes resonancias míticas.

El héroe de *Fuerza bruta*, a diferencia del marinero de *La dama de Shanghái,* no ha caído en las garras de una astuta y despiadada mujer, sino que está enamorado de una paralítica hermosísima que no sabe nada de su vida de delincuente. Es más, esta vida obedecería, por encima de todo, al objetivo de procurar a su amada los cuidados que necesita. Esa joven vulnerable e ingenua condenada a una silla de ruedas, a la que el presidiario rinde una última visita antes de dar el golpe que le conducirá a prisión, contrastaría con las dos muletas en que, como un péndulo del mal, trastabilla el criminalista entre pasos inciertos y una mente perversa.

II

Jules Dassin explora los códigos del cine negro ciñéndose a las posibilidades convencionales que cimentan dichos códigos. Es decir, su película resulta legible por los personajes que involucra, las motivaciones que impulsan a estos a actuar de un modo determinado y el desenlace de la tensión que esas motivaciones y conductas provocan. Hay algo muy sugestivo en la naturalidad expresiva de *Fuerza bruta,* tan marcada por la polaridad del sádico y el humanista. Este, tras el fracaso de la fuga y el recuerdo insoportable de las muertes y la destrucción que ha generado, consuela y es consolado por un prisionero negro que, a lo largo de la película, ha sido el único capaz de sacar una sonrisa a los prisioneros al hablar cantando. El médico nos despide refiriéndose, por su nombre, a las prisiones más famosas del país y al hecho de que, mientras el hombre esté encadenado, siempre existirá un deseo por escaparse.

La sencillez de este mensaje destilaría toda la grandeza artística de *Fuerza bruta* y ejemplificaría cómo hacer una película de género imbuida hasta el fondo de su espíritu narrativo no impide en absoluto realizar una obra maestra. El código guía a Dassin hasta el límite de su talento como director, le permite expresar toda su capacidad e imaginación artísticas. He aquí un triunfo definitivo de los procesos industriales de producción cinematográfica, que, en casos semejantes a este, lograron una armonía casi impensable entre *fábrica y arte.*

Welles, que supo reconocer como nadie el momento *renacentista* del cine americano de los cuarenta y los cincuenta, rizó el rizo en una película como *La dama de Shanghái*. Pues como en el caso de Dassin, se percibe un dominio ejemplar del código del cine negro. Ahora bien, Welles no es Dassin en un punto decisivo. Sus películas son obras de arte, y ellos son prodigiosos creadores. Pero la naturalidad expresiva de *Fuerza bruta* es ajena a la película de Welles. En esta, el talento termina prevaleciendo sobre el código, lo que nos hace entrar en un espacio narrativo que asumiría unas notas de arbitrariedad desconocidas por Dassin. El talento de este se circunscribe al código; el de Welles utiliza el código, sus estereotipos, su lógica y lo retuerce libérrimamente hasta provocar un efecto de distanciamiento y desorientación en el espectador. Todo es cine puro. Pero esa transición final y vertiginosa de *La dama de Shanghái* del barrio chino de San Francisco, con la escena del teatro en que el marinero aún cree hallar en el beso de la Hayworth un indicio del desvalimiento de esta, a un parque de atracciones abandonado, en cuya escena de los espejos se nos muestra al criminalista y su mujer asesinándose mutuamente, instante verdaderamente nupcial de su tóxica relación, poco tiene que ver con el carácter diáfano y transparente del final de *Fuerza bruta*.

Ambas películas pertenecen al género del cine negro. Ambas se mueven en la atmósfera de las expectativas creadas por un código cinematográfico. Pero el talento de Dassin remite a un concepto de la creación artística sin espacio para la arbitrariedad pues todo, en su película, rezuma la sencillez objetiva de un director invisible. Sin embargo, el de Welles le empuja a transgredir las expectativas del género y, sin traicionar estas en ningún momento, jugar literalmente con ellas hasta hacerles confesar una pulsión estética diferente, intensísima e inigualable.

III

Personalmente, prefiero *Fuerza bruta* a *La dama de Shanghái*. En esta, el derroche que la anima es de tal magnitud que termina poniendo al género contra las cuerdas, enfrentando el talento con el código y, en fin, volviendo visible, en cada plano y secuencia, al director. Viendo la segunda no podemos olvidarnos de que es una película de Welles. Viendo la primera, te puedes olvidar de que es de Dassin. Insisto, ambas son obras personales que rezuman grandeza artística. Pero la de Dassin es clásica, y la de Welles, vanguardista. Esto es, la del primero no enfatiza, ni puntúa nada en exceso, transcurre como una fábula moral que no inventa más allá de lo necesario y se atiene a una lógica desnuda, directa y ejemplarizante de las relaciones humanas. Con ese acervo del imaginario literario, a Dassin le basta para conjugar las variables de su película formando una combinación impecable y novedosa de elementos consagrados por las tradiciones narrativas más sólidas y eficaces. La de Welles, por el contrario, es vanguardista porque su fábula sobre la crueldad resulta intrincada, barroca y, finalmente, abstracta. Como si formalmente quisiera decirnos que, en asuntos como el de la crueldad y sus motivaciones, la fuerza bruta y la voluntad de dominio constituyen el primer escalón del ascenso a uno de los misterios más terribles del comportamiento humano, el cual no puede desvelarse, ni tan siquiera sugerirse con las herramientas de una narrativa clásica y obliga a retorcer los códigos del género para mostrar algo de dicho misterio.

Puede que sea así. Mas la voluntad formal para llegar más lejos en el conocimiento del hombre puede terminar siendo inseparable de unas amplias dosis de arbitrariedad. Es ahí donde el vuelo de la imaginación wellesiana

plantea un punto de no retorno que afecta a la comunicación cinematográfica, en concreto, y artística, en general. Si *Fuerza bruta* funciona, es porque director y espectador comparten algo previo a la película, como los
espectadores de la tragedia antigua conocían el mito
antes de su representación. Dassin crea el mundo de su
película atado, mediante el código, a unas referencias
humanas que permean el espíritu de sus espectadores.
Por eso, ante películas de este jaez, toda la carga de profundidad y perturbación que anida en ellas se halla me-
diada por la sencillez de su enunciación. Cualquier paso
en falso, en este sentido, implicaría cortar el cordón um-
bilical con el espectador y cambiar de manera radical las
condiciones en que se obtiene placer estético.

Welles corta el cordón y aspira a conseguir el impacto de la belleza dejando al espectador inseguro y fascina-
do. La vida adquiere, en el barrio chino y el parque de
atracciones abandonado, un aspecto desconocido, como
si las sombras expresionistas del cine negro se viesen sa-
cudidas por un juego de espejos homicidas donde cada
personaje busca asesinar la imagen de aquello que odia,
antes que al propio objeto de su odio. El gesto del héroe
alzando al sádico en la torre de vigilancia y estrellándolo
contra el suelo se basta a sí mismo como símbolo elo-
cuente de la fuerza bruta, de la acción y reacción consiguiente que induce. Los disparos en medio de cristales
rotos y rostros conmocionados por la confusión en un
San Francisco especular anulan cualquier posibilidad de
transparencia.

IV

Decía John Ruskin, el gran crítico de arte de la Inglaterra
victoriana, que la obra verdaderamente auténtica y valiosa es siempre imperfecta porque, en su imperfección,

radica la personalidad de su creador, la idiosincrasia de este, lo que hace de su obra un objeto único y singular, por completo ajeno a los productos estereotipados por reglas inflexibles. En cierta manera, la maravillosa e irrepetible imperfección del cine clásico americano estribaría, paradójicamente, en los códigos narrativos que regulaban su producción industrial y artística, es decir, en justo aquello que amenazaría con acabar con la idiosincrasia y singularidad de la obra. Nada más imperfecto que la invisibilidad de Dassin en su película, extremo que impulsó a Welles a un estado de perfección en que su talento prevaleció sobre el código.

En ocasiones, el derroche o exceso de talento puede erosionar una obra de arte al insuflar en ella una presencia *excesiva y arbitraria* de su autor, y volverla un tanto enfática e, incluso, autorreferencial. Aprender a dosificar el propio talento y anteponer a este la lógica del código no implica mutilar aquel, sino, quizás, ofrecer la mejor versión del mismo. Esa versión en que pasiones desnudas y naturalidad expresiva transmiten algo sobre el ser humano de magnitud superior a los arabescos deslumbrantes de un genio en la plenitud de sus capacidades. Lo cual probablemente obedezca a que la lógica de un código narrativo como el del cine negro permite al creador desligarse de sí mismo y objetivar su imaginación en un mundo ajeno cuyas reglas no elige, sino que le son impuestas. Hecho que, aunque sea industrial en su designio (asegurar la producción seriada de películas), tendría por consecuencia imprevista y no deseada centrar el talento del creador en un mundo de referencias que contribuirían a extraer de dicho talento su dimensión más universal y menos subjetiva. Y, en ese sentido, su firma de autor más personal e *imperfecta*.

Si la metáfora de los tiburones se cierra espléndidamente en la escena de los espejos, el mito desgarrador de *Fuerza bruta*, puesto en la boca del médico que habla del deseo de fugarse de todo prisionero, enunciaría una verdad humana seca y definitiva que no necesita hacer un dibujo alambicado de la crueldad para llegar a comprender las razones del odio del prisionero hacia el torturador sádico.

V

Hubo un momento renacentista en los años cuarenta y cincuenta del siglo xx, cuando un sistema perfectamente articulado de producción en serie de películas conocido como Sistema de Estudios convalidó la idea del arte y el artista de John Ruskin. Y ello, en un sentido exactamente contrario al de su famosa tesis sobre la superioridad del arte medieval respecto del renacentista.

El cine clásico americano representaría un nuevo Renacimiento en la sala de máquinas del capitalismo fabril. La producción en serie de películas *de género* fue la imperfección constitutiva, *medieval*, de un arte cuya singularidad más conspicua radicó en la invisibilidad del director y en la universalidad de las narraciones. Todo, en esta mezcla inaudita, resulta insólito: la personalidad marcada del autor en condiciones de ocultamiento, la belleza singular de cada película dentro de los procesos industriales y códigos narrativos comunes a todas ellas, el talento creativo llevado a su máxima expresión en virtud de unas variables dadas y unas combinaciones pautadas.

Si Ruskin, gran crítico del capitalismo y eminente defensor de una vuelta al paradigma artesanal a la hora de hacer productos únicos y durables alejados de los imperativos del mercado, hubiese tenido constancia de la mezcla que se produjo en el cine americano entre fábrica y arte se hubiese quedado perplejo y posiblemente, dada su honestidad, habría enmudecido. Alguien, después de todo lo que llevamos dicho, podría pensar que Welles fue, en cierto sentido, un discípulo tardío de Ruskin, un emisario del *medievalismo artesanal* en tiempos industriales y renacentistas. Lo cual es errar el tiro, pues la evasión del código por parte de Welles auspiciada por su talento resulta incomprensible si no partimos de su clara conciencia de la milagrosa mezcla entre producción industrial y creatividad artística del cine americano de los cuarenta y los cincuenta. Es decir, de su reconocimiento del valor estético del código cinematográfico, por mucho que él lo retorciese hasta transformarlo en una pura abstracción.

La imperfección *de fábrica* representa el momento renacentista y artesanal de películas como *Fuerza bruta*, un mundo artístico hecho posible por una especie de *azar capitalista*, en que las convicciones estéticas de Ruskin se recolocarían de un modo monstruoso a ojos de este por alumbrar un engendro ilegible para unos ojos anticapitalistas. Pues si la imperfección que singulariza una obra y aprehende la personalidad de su autor es una marca de fábrica vinculada a un proceso industrial de producción y materializada en los límites fijados por un código, estilo o género narrativos, ¿no sería la escena final de los espejos de *La dama de Shanghái,* frente a la de la torre de vigilancia de *Fuerza bruta*, justo aquello que Ruskin aseveraba como moralista del arte y la sociedad que había que proscribir, mas, paradójicamente, por la razón opuesta a lo que él creía, esto es, no por la desaparición del artista bajo la influencia de un estilo estereotipado sometido a reglas clásicas y perfectas, sino por el derroche de talento y el énfasis asociado a dicho derroche en la subjetividad del autor dirigidos contra aquellas reglas?

De un modo insólito e irrepetible, el capitalismo materializó, a través del cine americano de los cuarenta y los cincuenta, la posibilidad de que los nuevos *Lope de Vega*, los Ford, Dassin y compañía, hiciesen su *comedia nueva* no contra las reglas clásicas, sino, inopinadamente, a favor de estas. Forzando así a rebeldes inteligentes como Welles a asumir el designio de aquellas reglas aun en las películas donde más extremo fue su trabajo de retorcimiento de las mismas. Incluso una regla retorcida y llevada a la abstracción sigue siendo una regla. Por eso, Welles nunca dejó de venerar *La diligencia* de John Ford como su modelo para hacer buen cine. Y, por eso, el capitalismo, sin dejar de ser una fábrica de producir salchichas, nunca debería verse simplemente como tal fábrica.

23. UNA NIÑA CON MUCHAS SEGURIDADES

I

Esa es mi hija, la indubitable. Descartes no existe para ella. Ella pertenece a los años cristianos de la filosofía, cuando, como dice Gilson, la filosofía griega bailaba muy agarradita a la metafísica del Éxodo. Para mi hija, en el sentido ontológico de la unión, existe un maridaje entre el Ser y la Zarza Ardiente. Cuidado que te vas a quemar de tanta presunción como llevas dentro, le digo yo, entre cariacontecido y exasperado. "¡Ay!, papá, me responde con un tono entre conmiserativo y condescendiente, no sabes cuántos discursos me salen de la boca con solo avistar tu cara de chorlito".

Mi hija está ahíta de realidad. Le hago reparar en su lenguaje, saturado de expresiones filosóficamente inapelables como "no te jode", "es la hostia" o "vete a la mierda". Interjecciones, exabruptos, a veces incluso neologismos de proverbial capacidad retórica para silenciar al oponente. La niña tiene un punto agonal o agonístico, pues de todo hace objeto de polémica, lucha, disidencia, algarabía, guirigay y, también, alferecía para su derrotado interlocutor, víctima de persistentes migrañas. No dialoga, no escucha, no reflexiona. Se agarra sin piedad a la yugular con dardos verbales que, he de reconocer, suelen dar en el centro de la diana.

Su gran argumento, tras atender a mis airadas razones por los motivos más variopintos, desde no tirar de la cadena hasta no recoger la ropa esparcida por su cuarto pasando por las horas interminables que pierde ante el espejo, es que yo disparo discrecionalmente cuando arremeto contra ella y, por ello, yerro el tiro pues ya se sabe, quien mucho abarca, poco aprieta. ¿No es este el problema básico de todo temperamento intelectual? Viene a decir mi hija, que me tiene muy pero que muy calado, que lo relaciono todo con todo y que, en vez de centrarme en un asunto concreto, suelo comenzar enervado por la pijada del espejo y finalizar lanzando una filípica contra su pobreza verbal, que inevitablemente se despeña en una de mis imágenes preferidas, por donde asoma el clasismo como última ratio: vas directa a una caja de supermercado.

Ven ustedes. La dichosa y esmerada discípula de griegos y cristianos que, en el caso de haberla conocido, la hubiesen tomado como modelo, apunta donde más le duele a un padre letraherido, libresco, pedante y con mucho prurito. Que esta niña desordenada, vaga y orgullosa me diga a mí que lo relaciono todo con todo y que me despeño en los abismos intelectuales de una fallida argumentación clama al cielo y me parte el corazón. Llegará el día, lo estoy temiendo, en que, desde la monolítica ignorancia de sus seguridades, me escupa a la cara mi frase preferida para despreciar a los malos intelectuales: "Papá, quienes relacionan como tú haces el desorden de la habitación de una niña con su incompetencia verbal, las horas que pasa al cabo del día con el móvil y su destino profesional como futura cajera terminan por ver todo en todo y hablando con *lengua de ángel*".

La lección de empirismo familiar dada por mi hija desde el Sinaí de la Zarza Ardiente que habita en compañía de Platón y Aristóteles a su intelectualizado padre me ha colocado inopinadamente en disposición de quemar mi muy trabajada biblioteca. Esta se divide con pulcritud cartesiana en tres zonas: los libros buenos, los excelentes y los inmejorables. Con el primer café de la mañana, contemplo con satisfacción de anticuario el frente de obras que ensancharán mi cabeza en una plácida jornada de estudio y reflexión. Acaricio los lomos, hojeo las páginas, consulto los índices onomásticos y temáticos, y me encamino al excusado con el elegido para aliviar el cuerpo antes de alimentar el espíritu.

Mas, desde hace un tiempo, el placer de esta mayéutica doméstica, que me ha llevado, en un ejemplo sin parangón de idiosincrasia, a quitarle la sobrecubierta a todos los libros y dejarlos como Dios los trajo al mundo, se ha transformado en la dolorosa confirmación y las dudas lacerantes de mi destino como intelectual. Mi hija ha sembrado el caos en mi alma porque, a su modo juvenil y desprejuiciado, tosco e irritante, me ha hecho reconocerme junto a ella en el espejo ante el que se peina con una especie de secador o afinador que le estira cada pelo hasta casi quemárselo. Espejo, espejito, ¿hay alguien más guapa que yo? Espejo, espejito, ¿por qué escribo tan buenos libros?

Vayamos por partes, que el toro se las trae. Les estoy tratando de decir que las muchas seguridades que adornan la vacía cabeza de mi hija han tocado hueso. Ahora, por las mañanas, no olfateo el café ante el frente imperial de mi biblioteca, sino que lo vuelco en los orificios de mi cuerpo para purgarme de mis inseguridades recalcitrantes. Cómo lo diría... he llegado a admirar profundamente el mundo mental de mi hija, su cristianismo filosófico, su brillante y estupefaciente tozudez a prueba de bombas. Mis maneras sofisticadas me precipitan al clasismo como última ratio, señal de que algo no funciona como debe, de que se ha producido un cortocircuito. A poco que se atornilla a un intelectual, este se disuelve como un azucarillo. ¿Qué es lo que adivino en el hieratismo de esa sílfide que expectora denuestos y siempre concluye con una sonrisa angelical proclamando su victoria? Una cosa que daría pie a un apócrifo de Juan de Mairena: el inestable equilibrio de un padre con ínfulas de intelectual educado en los valores profesionales y bohemios de la burguesía.

No sé hablar de este asunto de entidad cósmica porque me sale un deje subjetivo y terapéutico que impide calibrar la cuestión adecuadamente. Dejemos que mi hija lo exprese como el criado harto de vino de Larra, que le cantó al escritor las cuarenta en *La Nochebuena de 1836*.

II

—Mira, papá, lo que te pasa es que el deber profesional no casa bien con la *bildung* y el perfeccionamiento interior. O uno es asceta o es bohemio. Pero hombre, eso de ser un bohemio puritano desequilibra al más pintado. Oye, papá, escúchame, tanto libro y tanta lectura, tanto trabajo y tanto método, ¿para qué? O disfrutas de la vida como Charles Fourier, que no fue un socialista utópico, sino un utopista de las pasiones y el deseo, profeta del turbocapitalismo, que, por cierto, me da en la nariz que era un viejo chocho que vivía rodeado de ratones, o dedícate al curro legionario con el capellán digiriendo el asalto a los nuevos bárbaros.

»Y añado, a ver si te enteras de lo que vale un peine, que quien teme a la literatura como fuente de infelicidad, y llega incluso a generalizar y hablar de la vida como fuente de ídem no ha terminado de comprender lo siguiente, blanco y en botella: que se puede ser feliz en la literatura y un desastre en la vida. O a la inversa: que puedes ser un tío con la autoestima de Dios y un letraherido del carajo (en el sentido no de amante platónico de los libros, sino de alguien echado a perder por sus frustraciones literarias: baja calidad, éxito inaudible, falta de reconocimiento...). Es más, papá, por cierto, deberías cambiar de peluquería porque vaya tropelías cometen contigo, si apuras la implicación de no ser infeliz en la literatura podrás entender el exceso de presión y rigorismo que subyace a dicho mandato. Esto es lo que os pasa a los bohemios puritanos, que hacéis del hedonismo un espectro seductor que encubre capas y capas de renuncia, sacrificio y ascetismo.

»¿No lo ves? No ser un infeliz en la literatura siendo un desgraciado en la vida es una cosa lógica y esperable. Tan aureolada tienes la región intelectual con la melodía furierista de un gozo sin tedio ni descanso que te has olvidado de afrontar esa región como yo afronto mi relación contigo: como un combate cruento y despiadado. Solo así los malos humores literarios permiten aliviar, por el conducto de envidias, quejidos y frustraciones, el peso de la vida real y cotidiana, aquella que los que habláis como tú con *lengua de ángel* arrastran como un fardo del que no saben desprenderse.

»Se trata de vivir, papá, no de arrastrar la vida hasta el fin pensando lo feliz que eres literariamente por no esperar más que un disfrute onanístico de los libros. A mí me dices en tus exaltaciones que terminaré de cajera en Mercadona. Yo te digo desde mis seguridades, mucho más pegadas al suelo que aquellas celestes invectivas que me lanzas con los ojos desorbitados y como en trance, cuánto orgullo y amor propio se desprende de quienes predican la felicidad en la literatura. Prefiero mil veces más a alguien que pisa fuerte en la vida, y se queja envidiosamente de la mala y premiada literatura que se escribe en la actualidad a quien adopta una actitud ecuánime y olímpica respecto de la segunda, como si el viento no le despeinase, y deambula por la primera como un pobre de espíritu.

»Papá, de verdad, que la vida es agón, y la literatura, como parte de la vida, un aliviadero de las bajas pasiones. Hombre, lo mejor sería ser feliz en una y otra, pero puestos a elegir, mejor conservar la autoestima y resbalar en la envidia que prescindir de esta en un ejercicio de voluntarismo ascético y estoicismo suicida que te deja expuesto a los golpes de la existencia. Lo que digo, en fin, es que hay que tener cuidado con los mensajes de felicidad que ocultan un fondo abracadabrante de exigencia, rigor y automutilación. Cuidado con el falso hedonismo de esos hijos de una burguesía profesional y bohemia.

»A estas alturas, deberías saber que tal equilibrio, la ambigüedad torticera de esas señales que se cazan al vuelo en los hogares ilustrados, concluye casi siempre en el triunfo del deber sobre el placer. Y, ahí sí, el estropicio resultante es demoledor, ya que un *hombre del deber* y un *hombre del placer*, tomados independientemente uno del otro, transigen con lo que son y viven de manera coherente, pero su mezcla resulta explosiva pues hace del mandato de ser feliz una trampa psíquica, un lodazal del espíritu. Ser feliz, papá, conlleva afrontar la infelicidad donde menos daño hace, y no proclamar a los cuatro vientos una autenticidad en el fondo propia de bobos sin habilidades pugilísticas. Golpea, pega, combate, rebájate a tu peor versión, disfruta agónicamente de la infelicidad literaria. Cárgate de espurias razones contra el éxito literario. Y no derrotes a la envidia que abastece la frustración porque entonces te exigirás mucho, demasiado como intelectual feliz y desarraigado, y la autoestima se te esfumará en delicuescencias melancólicas.

»¡Ay!, bohemios puritanos, burgueses escindidos, epígonos de una cultura contradictoria, qué fértil puede llegar a ser la imaginación bajo una idea estilizada y artera de lo que entraña vivir. Vivir se vive en un mundo despierto y no en la vida de los sueños. Solo desde esta última se puede predicar la felicidad en la literatura y eludir el hecho de que la infelicidad en la vida mantiene una invisible conexión con los requerimientos de la primera. Piensa muy bien lo que te digo, papá, o deber o placer; o bohemia o trabajo. Mas eso de esforzarte ascéticamente para obtener el rédito de una felicidad literaria vitalmente extenuante, aunque aureolada de un prestigio y una libertad interior deslumbrantes, abandónalo como quien se desprende de una pesadilla cultural, de un mal sueño histórico, de la ambigüedad sembrada en su espíritu por los mensajes contradictorios recibidos en las postrimerías de la cultura burguesa.

»Quizás yo, Dios me oiga, no pertenezca como tú al creativo detritus familiar de una decadencia social, y, antes que epígona, sea *influencer*, y no tenga el menor problema con los neologistas prometeicos de estos tiempos sentimentales. En los que el viejo adagio burgués de que la vida es un asunto que cada cual debe resolver ha dado paso al emancipador reconocimiento de que cada vida tiene su propia vara de medir.

»Si algo de lo dicho no te queda claro, hay un vídeo en YouTube que lo deja muy clarito.

24. TENTATIVA SOBRE LA IMAGINACIÓN

I

Los ciclos de la vida se pueden cumplir o, en ciertas ocasiones, verse interrumpidos. Si por ejemplo, la infancia no desagua con naturalidad en la adolescencia y, antes de penetrar en esta, la primera no llega a cerrar su ciclo, es posible que se mantenga en una condición no conclusiva, abierta, indeterminada; flotando en un limbo que llena la existencia de extrañeza y perplejidad.

Un cambio de casa a edad temprana puede desencadenar este fenómeno de la *infancia flotante*. Imaginemos a un niño separado del mundo de sus primeros amigos que había dotado a dicho mundo con las señales inequívocas de lo indestructible, un niño que había encontrado unas rutinas de juego, de amistad, de emulación y de deseo consolidadas hasta un extremo en el que el deslinde entre lo vivido y lo sentido, entre la rutina y el sueño, se hace extremadamente difícil. En la niñez, en una niñez tan irrealmente intensa como la descrita, el campo de lo prescrito es un acontecer diario que rueda poderosamente como un eterno retorno a las fuentes primordiales de lo que se siente ser, de lo único y definitivo a lo que se parece estar abocado, con esa necesidad paradójica del destino.

La infancia es destino porque la vida pertenece irremediablemente al surco que dejan las primeras experiencias. Como recuerda aquel niño alucinado y expelido a las tinieblas, experiencias tan rotundas como la de una tarde estival en la que los más pequeños acompañaron a los más mayores fuera del barrio de sus juegos, hasta un parque lejano y perdido, donde, gracias a la pericia envalentonada de uno de ellos, levantaron la tapa de una cloaca y se metieron dentro de la cavidad oscura y nauseabunda. El niño recuerda a sus amigos deslumbrados por los pasos que les guiaban en el túnel y, por encima de todo, recuerda una voz de huida, repentina y alarmante, cuando la vanguardia del grupo creyó divisar una luz al fondo. "El pocero, corred, que si nos pilla vamos a la cárcel". La huida y el regreso al barrio, con el oscurecer acariciando la piel del estío y con el tiempo de gracia concedido por los padres para reunirse y oír a los más mayores contar la historia de aquel que cayó en manos del pocero y terminó con sus huesos en la comisaría. Justo la comisaría que estaba allí mismo, delante de sus ojos asustados y expectantes, entre dos portales de la manzana en que se levantaba el edificio donde todos ellos vivían.

Si se produce un cambio de casa a edad temprana, pero cuando los primeros vínculos de la amistad infantil ya han sido sólidamente establecidos, lo que se produce es un colapso en las edades de la vida. Cada edad tiene su ciclo. Al interrumpirse violentamente el primero de estos, al niño se le despoja de su patria, esas férreas rutinas que labran sus emociones mitificando la irradiación de las mismas por las galerías más recónditas de su ser, y se le enfrenta con una tesitura tan perturbadora como la de la aventura de la cloaca.

En caso de que el ciclo de la infancia se hubiese completado con naturalidad, los rostros aniñados hubiesen pasado a ser, sin solución de continuidad, ajados rostros adolescentes. Pues hay un momento en que el grupo se termina deshaciendo por imponderables de muy diversa índole, y el deshacerse del grupo, cuando los antiguos amigos se observan orgullosos por las escaleras sin atreverse a decir nada, como si compartiesen algo que ya solo es un lastre en el despliegue de sus alas adolescentes, en los otros ámbitos y voces que acometen su pubertad y generan el vergonzante sentimiento de haber sido niños hace demasiado poco tiempo, no genera más tristeza que una de esas catástrofes inevitables, como la de un tren desguazado sobre las vías o el crepitar de la gran nevada en una ciudad desacostumbrada a los mantos blancos.

Sin embargo, cuando uno no ha asistido a la catástrofe del tren o de la nieve, cuando uno no ha visto mutar en adolescentes mohínos a los amigos de la niñez, cuando uno se ha ido a otro barrio y se ha sentido rodeado por adolescentes primerizos y desorientados como él, cuyo pasado infantil ignora y de los que solo acierta a descifrar un rostro insípido que no le dice nada, se encuentra desasistido, exangüe, varado en una orilla solitaria. Y ello porque su corazón le hace intuir que la infancia interrumpida por el cambio de casa prosigue a sus espaldas, que nadie sino él se ha movido del limbo que todos continúan habitando, que, tras él, subsiste un mundo pletórico de fantasía e irrealidad más allá del cual, puede ahora dar fe de ello, se erige otro mundo en el que los vínculos están rotos y que se halla dominado por la generación espontánea de la adolescencia. Esta brotó de la nada, en el nuevo barrio, en el nuevo hogar, y conduce a la nada porque detrás de ella no se aventuran los ciclos naturales de la vida al haber sido estos cortocircuitados en el momento posiblemente de su mayor intensidad.

II

La niñez, se presiente, prosigue; los estíos continúan derramando su limbo sobre el oscurecer de los juegos. El ritual, la rutina... esa transparencia beatífica queda a espaldas del presentimiento como la única solidez ya inalcanzable. Se ha perdido un mundo, y esta pérdida, saturada por la penosa conciencia de que ese mundo persiste más allá de uno mismo, dota al adolescente extraviado en una edad a la que ha llegado de forma anómala con una declarada resistencia a asumir sus nuevas condiciones de vida, la edad que cronológica, pero no afectivamente le corresponde.

Hay en esto un gesto rebelde y obtuso, muy de niño que no quiere aceptar lo irremediable, que se niega a establecer relaciones de amistad con esos seres extraños que le ofrecen la misma con una flexibilidad de carácter y sentido de las cosas mucho más acentuados que los suyos. Pero también hay en esto un sentimiento de lealtad a la patria de la que se procede y de la que se ha sido arrebatado. Este adolescente descubre, en su terca resistencia a integrarse en su nuevo ambiente, el carácter absoluto de aquel sentimiento de lealtad, que no tiene nada de ademán moral o de convicción ética, sino que es la pura expresión de pertenencia a un eco emocional, puro y primigenio; a una sensación de indeleble belleza y de ruina inexorable, de éxtasis y perdición.

Cómo acometer el desafío de vivir para resolver sus cambiantes apremios cuando la vida se siente consumada en un tono del recuerdo y con una intensidad del sentimiento que rebajan hasta la mayor de las insustancialidades aquel desafío y aquellos apremios. Aquí, evidentemente, se es injusto con la vida, estamos hablando de una actitud entre rebelde y obtusa marcada por el signo de lo penoso, de la reverberación de un eco lacerante. Pero es justo aquí, en esta evidencia del niño varado en una adolescencia sin ayer, abrupta y desapacible en su parto, donde reside el descubrimiento de lo que significa ser fugitivo de la transparencia, de lo que implica vivir en la tesitura irresoluble de un pasado que no concluyó, que fue interrumpido y que, por estar abierto, no permite afrontar otra cosa que su misterio de ciclo vital inconcluso.

III

La imaginación es la manera vicaria de vivir aquello que la vida nos arrebató. Y la vida nos despoja precisamente cuando sus edades, por distintas razones, no desaguan de manera natural unas en otras. A veces, el tiempo de la vida se acelera de tal modo que no da tiempo a esta a convenir en un límite para cada momento de la misma. Esa falta de límites claros en el paso de un momento a otro, de una edad a otra provoca desequilibrios. Simas que pueden tener como consecuencia la anormalidad de una niñez expandida en la imaginación como estrategia casi animal de adaptación al hecho irreparable de no haber llegado a su fin natural, con lo que tal adaptación evolutiva a semejante hecho tiene de problemática a la hora de encarar la vida como un flujo incesante de cambios y alteraciones. Decíamos que existe, en este tipo de actitud, mucha terquedad, un ánimo obtuso, pero también decíamos que, de esa actitud, se desprende un sentimiento de lealtad que ahora convendría explorar con más atención.

La lealtad que experimenta el adolescente al ciclo interrumpido de su infancia no pasa de ser una emoción, tiene la entidad de una voz primordial, de un eco enraizado en sus experiencias más intensas en cuanto adoptan la forma del ritual, que es la repetición de una irrealidad cotidiana infectada por el aliento de la euforia, del descubrimiento y la aventura, de una manera de entender la vida en la que esta alcanza su máximo relieve. Aquel eterno retorno del estío y su oscurecer en los juegos prohibidos de la niñez constituye un sedimento de la personalidad que graba en esta el fulgor del sueño y la vivencia, la plástica vivencia de lo imaginario, como si tal estado de duermevela poseyera, gracias a su plasmación ceremonial, una entidad sólida y evidente. Esta ficción o transparencia irradia por encima de la vida y sus azares, de sus ciclos y desafíos, configurando los sentimientos como piedras sonoras que transmiten cauces de pensamiento y acción predeterminados en su ascendente mítico.

La aventura de la cloaca, el dejar atrás el barrio, el descender por las escaleras al vientre de la ciudad, la certeza de que los más mayores amparaban la iniciación de los más pequeños, el vértigo de la luz de una linterna al fondo del túnel, la huida del pocero como fugitivos y el regreso a la conversación resguardada del jardín, bajo el silencioso y distante escrutinio de los padres y la voz experimentada de los que ya oficiaron de fugitivos en alguna ocasión anterior configura, esa aventura y tantas otras noches estivales como ella, un temblor que detona como una deflagración en el momento mismo en que, por algún azar, el ciclo vital del que forma parte no halla su horma, y queda sujeto a la inclemencia de un sueño sin vigilia, suspendido a mitad de una fábula cuyo desenlace no llega a producirse, lo que provoca el deseo insoslayable de imaginarlo al margen de la ley que regula dicho ciclo y tiñe a este, como a cualquier término natural de las edades de la vida, de silencio y olvido.

Aquellos niños de los que no pudo conocerse su ajado rostro adolescente y que siguieron viviendo en el barrio del que se fue arrebatado, ¿a qué empresas y delirios, aventuras y quimeras dedicaron las noches blancas? ¿Qué luz fulge detrás de uno mismo cuando se presiente que la vida es un destino de oscuridad, y que solo en la ribera perdida de los orígenes aquella fue una estrella que brillaba en el ocaso? ¿Cómo vivir, en fin, de un modo natural si la anormalidad de una existencia que se desangra a tus espaldas te despoja de cualquier recurso para dejar de encarar, explorar, indagar el resto inconcluso, la ardiente escoria de dicha existencia?

Al fin, ¿no es la imaginación una forma de interpelar a los vacíos, las zonas de sombra que despuntan en el filo de nuestros sentimientos? ¿Y no son estos vigías que nos conducen a las preguntas fundamentales de una vida que puede romperse y zozobrar en cualquier momento debido a accidentes tan pequeños como un cambio de casa a edad temprana? Si esto es así y la conjetura de lo que somos e imaginamos ser se funda en contingencias y azares de escaso vuelo y entidad, ¿podremos desdecir la impresión de que estamos gobernados por los huecos de nuestra mente, allí donde quedaron varadas las voces indescifrables del pasado? Y aquellos huecos y estas voces, ¿no reflejarían la astucia de la vida para cubrir sus claroscuros, esto es, para purgarse de su acelerada marcha y restañar lo que el tiempo atravesó ciega y despiadadamente? Pues gracias a la imaginación, que es volátil memoria, agujero negro de la libertad interior, las aguas del río pasan dos veces por el mismo sitio. Del mismo modo y por la misma razón que dos veces perdemos lo que amamos.

IV

El hombre prisionero de la adolescencia por no haber sido esta el desenlace natural de la niñez termina convirtiendo a la infancia en un proverbio. Los ciclos de la existencia, alterados desde el principio, ruedan en direcciones crecientemente contradictorias. Este aumento de la tensión y el desconcierto vitales acrecienta, más allá de sus implicaciones para los asuntos de la madurez, la reverberación de aquel eco proverbial.

Lo que distingue a esta piedra sonora, de donde brota el fulgor imaginativo del hombre extraviado, sería la percepción inexplicable de que vemos el mundo a través de ojos prestados. Que cualquier resonancia de nuestra vida cotidiana hunde sus raíces en el nervio de una experiencia remota. Que estamos en manos de sentimientos-vigías forjados por un coro de voces que se adueñaron de nosotros, de una vez y para siempre, en un faro perdido. Que el reconocimiento o anagnórisis que entraña aquella resonancia, en la que radica el carácter autóctono de nuestra sensibilidad, remite al hecho inexplicable de *estar poseídos por otros*; de ser circunstancias, accidentes, avatares, orillas de ámbitos de la existencia cuya grandeza y solidez basta incluso para asumir su estallido y fragmentación en un *relato* sin hilo conductor, que flota al albur de la imaginación de lo que constituyó un mundo breve e intenso.

Quién habla por mí, a través de mis emociones, desde la esquina más arriesgada e irreal de lo que soy. Qué niveles insondables de uno mismo forjan la personalidad de nuestra imaginación, esa estrategia evolutiva por la cual el hombre se resiste a la resolución de su vida porque demasiadas cosas de esta quedaron interrumpidas *in illo tempore*.

El filósofo se preguntaba qué puedo conocer, qué debo hacer, qué me cabe esperar, qué es el hombre. Mas el hombre que perdió su infancia antes de que esta llegase a su fin natural sabe que su vida es fruto de un accidente, de un azar, de una contingencia. Que la vida es demasiado intrincada para que aquellas preguntas toquen el asunto fundamental, que es el carácter errático y meditabundo de quien se guarece tras ellas para no asumir el hecho de estar desposeído.

Más bien habría que preguntar de qué equívoca circunstancia provengo, a qué malentendido debo lo que soy, en qué desajuste se basa la pertinaz sospecha de que mis conocimientos, deberes y esperanzas traducen el poderoso aliento de voces que fueron mutiladas y que, por serlo, me contaminaron con el deseo de entender las cosas. Acaso sea el hombre y su entendimiento proyecciones de aquellos huecos esparcidos en su mente por los desequilibrios de la vida. Vacíos que transpiran por la imaginación con tal intensidad expropiadora que uno se sabe en manos ajenas cuando ata cabos y descubre que la aventura de la cloaca clausuró su vida en el momento en que esta daba los primeros pasos hacia las preguntas del filósofo.

Siendo esto así, habría que reconocer la frustración que ocasiona el hecho de que no se pueda filosofar con la seguridad de las preguntas sobre el conocimiento, el deber y la esperanza cuando se ha llegado a concebir que dicha seguridad resulta quimérica si no se ha visto el ajado rostro adolescente de los amigos de la infancia, y estos permanecen suspendidos en un estado de la perdición humana para el que la filosofía no ha encontrado, ni posiblemente encuentre, alternativa ni consuelo, más allá del hambre y del amor incurables que tal estado suscita.

V

Uno vive en la niñez y escribe desde la adolescencia. Porque la vida pertenece al hogar en que se consume su transparencia, y la escritura es la evidencia obstinada de un adolescente que perdió el hogar antes de que su transparencia se hubiese consumido. ¿Podemos imaginar lo que entraña para cualquier escritura literaria el desequilibrio causado por aquella pérdida y aquella persistencia? ¿Podemos entender que, detrás de cada escritor, hay un adolescente que es fugitivo de la transparencia en la medida en que trata de consumar lo no consumido, algo, en el fondo, descabellado por oponerse a los designios de esa ley que nos dice que las cosas, solo al consumirse, se consuman? ¿No es la imaginación una facultad rebelde, obtusa y adolescente que revelaría una impronta decisiva de lo que es el hombre? ¿No es el hombre movido, antes que por las preguntas del filósofo, por un instinto agonal, de lucha y combate, en pos de la llamada más delirante y perturbadora de sus sentimientos? Una voz que le convierte en propiedad de otros y que le hace ser leal más que a la patria perdida o a la infancia interrumpida, a lo que, por esa pérdida adelantada e interrupción sobrevenida, no llegó a consumirse, ni, por ello, consumarse de un modo natural.

Si en la vida el azar no alterase los ritmos estipulados, ¿sería necesaria la imaginación para, desde la más profunda anormalidad, dar una respuesta al desconcierto que provoca nuestra exposición a lo accidental y contingente? Pues igualmente y en el mismo sentido en que estamos en manos de sentimientos configurados por resonancias extrañas, ajenas, que dibujan en nuestro interior, en los huecos de la mente, un ávido sentido de otredad, nos encontramos inmersos en un horizonte de sucesos que excede a nuestro control y al que, como a aquella otredad, solo podemos responder con un concepto *no adulto* de la existencia. Y ello en cuanto, en dicho concepto, se asume esta no como autoafirmación, sino como desposesión. Que es el estado propio de la adolescencia y la escritura, del fugitivo de la transparencia, del hombre accidental rehén de sus vicisitudes y atrapado inexorablemente en la huida hacia adelante en la que consiste su imaginación. Estrategia de adaptación a los desequilibrios de la vida por medio de la cual el imprevisto desorden de sus edades, momentos y transiciones se redimensiona en una escala evolutiva diseñada por un avezado instinto de conservación.

A ese instinto tan evidente como misterioso, se le podría dar el nombre de *deseo de gloria e inmortalidad.* Pues la vida se abre a ese deseo absolutamente descabellado que da cuenta de las lealtades más idiosincrásicas del escritor precisamente a partir de los accidentes que desorganizan el fluir natural del tiempo dentro de ella, haciendo paradójicamente que la *conciencia de la contingencia* surgida del impacto de aquellos accidentes sobre el escritor sea el preludio de su *deseo de gloria e inmortalidad.*

Y si se persigue la gloria y se aspira a la inmortalidad, en el fondo sería para sobrevivir, como la infancia interrumpida, a nuestro paso por este mundo. Pues ¿un escritor inmortal no es lo mismo que aquella niñez suspendida en el limbo, un avatar de la imaginación que, por no consumirse en el tiempo debido (qué obra, qué vida podría ser capaz de hacerlo), nunca termina de consumarse?

Solo escapando a la normalidad *de lo hecho a tiempo, en la forma prescrita*, se elude la trampa del olvido, el silencio de una existencia regida por la ataraxia del filósofo. Y esto lo sabe cualquier hombre con grietas y fisuras en su pasado, y cualquier escritor en busca de la transparencia, fugitivo de ella, que antepone, al éxito, la inmortalidad. Es decir, que prefiere, al triunfo *en su tiempo*, la lucha *contra el tiempo*. De manera parecida a aquel hombre que se termina decantando por la torcida clarividencia del adolescente antes que por la equilibrada lucidez del adulto.

VI

En esta reflexión, como resulta fácil observar, cabe intuir un sentido de la vida y de la imaginación extremadamente crítico con el hecho de excluir de la verdad de lo que somos todo aquello que nos lleva a aceptar nuestra condición desposeída y desheredada. Tener imaginación significa vivir sin pertenecernos, al albur de una libertad interior absolutamente expuesta a todo tipo de accidentes y circunstancias externas, que dicha libertad conjuga como una emulsión que acentúa su carácter torcido y clarividente.

Que no se vea en esto ningún tipo de alegato a favor del *demonismo*, del ángel caído que se alumbra en el corazón del artista, sino tan solo el arrasador romanticismo de saberse conducto de emociones que fueron labradas, fortuita e inconscientemente, por voces de otro tiempo, bajo otras lunas. Un eco proverbial que resuena dentro de uno mismo y le persuade de estar habitado por el resplandor de lo ajeno, hasta el punto de que su voz no hace sino canalizar la experiencia de otros en cuanto esta otredad ha terminado por constituirse en el suceso determinante de su existencia.

El hombre accidental rehén de sus vicisitudes es un hombre expuesto a corrientes que ni se inician en él ni concluyen en él y que simplemente lo atraviesan, abandonándolo con la copia borrosa de un asedio que se ve impelido a descifrar. Pensemos en un operario de una estación antigua que asiste al paso cotidiano de los trenes y que persigue la huella dejada por esas vidas fugaces en el sueño. Pues si somos impresiones de sombras desdibujadas, de edades inconclusas que tratamos de consumar en el vértigo de los sentimientos, en cuanto moradores de la caverna, qué razón existe para no convertir a la memoria y la imaginación en las facultades más definitorias de nuestro despoblado y dúctil espíritu, del *divino camaleón* que Giovanni Pico della Mirandola decía que era el hombre. Un animal, no lo olvidemos, sin forma definida que amolda el color de su piel a los distintos ambientes por los que se mueve. Y que termina transformando esos colores prestados de un mundo extraño y volátil en un viaje al *primer color* que le arrancó a la vida antes de que esta se travistiese con ropas más amargas y harapientas.

25. UN *FLÂNEUR* DEL TRABAJO

Últimamente, en mis somnolientas sobremesas de jubilado, mientras el telediario da sus últimas bocanadas y ya presiento entre bostezos al león de la Sabana reinar en el sueño vespertino, he recordado la figura traslúcida de un antiguo compañero de trabajo. Digo traslúcida porque, a pesar de convivir, mejor dicho, coexistir con él cerca de treinta años de oficina nunca tuve una clara impresión de sus rasgos, altura, hechura y facciones. Lo recuerdo vagamente como vagamente coexistí con él, envuelto por una cordialidad afectuosa que lindaba con afectos más sólidos y profundos sin, en ningún caso, llegar a traspasar la delgada línea que separa la cercanía de la amistad.

Según me vence el sopor y las hienas impiden al león africano reinar como se merece, a sus anchas, tengo sensaciones retrospectivas que no pasan de ser un atisbo de algo así como un paseante apenas materializado en las nieblas oficinescas. Entre ronquidos y rugidos que coinciden en su sonoridad gutural y ciertamente melancólica, como si el jubilado que soy se transmutase en un león destronado por las hienas del alma, esos hirientes aldabonazos con que la irrelevancia laboral sacude el nirvana del ocio una vez que este y su arcadia revelan el monótono transcurrir del tiempo sobrante, lo que se esconde, en fin, en la vida ociosa de quien ya no tiene deber que cumplir y solo se dedica a sestear y vagar de casa al súper y del súper a casa, padezco súbitas remembranzas de un hombre perdido en los abismos de la oficina sin nada que hacer, ni horario que rellenar. O, al menos, eso daba a entender su porte entre aristocrático y cohibido, como si en la tristeza de su mirada se contuviese la conmiseración por todos aquellos que bufábamos y bullíamos en la colmena laboral.

Nada de su planta evanescente, de su casi indetectable figurar en las horas de tormento, de su aparecer y desaparecer como un mago del deber profesional experto en pases de pecho con los que daba enjundia a la vaciedad absoluta de sus obligaciones hacía pensar en orgullo o altivez de su parte. Por el contrario, aquella sombra fugitiva desterrada al olvido de las memorias profesionales de cuantos por allí desfilamos a lo largo de casi treinta años no emitía sino cortesía, educación y, si se me permite decirlo, un paradójico entusiasmo de practicante asiduo en los cometidos más ásperos y pueriles del desempeño oficinesco. De tal manera que los esporádicos encuentros con él, en el baño, en los pasillos o en la máquina de café, siempre giraban en torno a la grisura del agobio en que su ocasional interlocutor se encontraba circunstancialmente atrapado, con lo que el *flâneur* del trabajo cuyas *flâneries* lo convertían en una suerte de vagabundo sin oficio en el oficio era una oreja atenta y dispuesta a recibir todo el ruido y la furia que un zarandeado trabajador es capaz de expectorar mientras no haya moros en la costa.

Recuerdo haberme desahogado con él a tumba abierta en más de una ocasión. Y, sobre todo, recuerdo la disparatada y cordial empatía de aquel hombre sin figura laboral reconocible, más allá de sus apariciones y desapariciones de la oficina, que era todo ojos y orejas a la hora de expresar en silencio la complicidad sanadora que demanda el tullido. Sí, ahora puedo precisarlo con más tino, el *flâneur* del trabajo era un Jesucristo del mundo laboral que, sin curar, sanaba. Lo que lograba con esa rara habilidad para ser indetectable salvo en el preciso momento de ofrecerse al exabrupto con que uno despacha la agonía de saberse prisionero del salario, preso de la obligación, secuestrado por la insania de los jefes, rehén de las facturas, las plataformas digitales, los estudios universitarios de la prole y los caprichos gastronómicos y alcohólicos de un matrimonio cebado en el fin de semana a propio intento, como pura estrategia de supervivencia doméstica.

Él, sin embargo, a medida que los demás íbamos echando barriga y quedándonos mondos y lirondos en la azotea, preservaba su congénita esbeltez de moneda suspendida inopinadamente sobre el canto. Su arte vagabundo era un arte meditabundo, reflexivo, contemplativo y ese arte de quien tiene hondas creencias, mas escasa práctica, afilaba su *ethos* y su *pathos* hasta el extremo benéfico de volverlo inmune a la insustancialidad exasperante de las largas e interminables jornadas de oficina.

Cierto día en que madrugué más de lo habitual para adelantar trabajo atrasado y evitar las invectivas muy directas y expeditivas de un jefe mozo y con ganas de medrar ante la superioridad, pegué la hebra con la mujer de la limpieza que le quitaba el polvo a las mesas y los ordenadores. Hablando con el cigarrillo colgándole de los labios y esa desenvoltura de quien ya anda de vuelta de todo, me dijo que el *flâneur* dormía ocasionalmente en la oficina y que sus compañeras del turno de noche lo habían visto dar tumbos como un sonámbulo chocando con mesas y sillas y sin perder nunca el rictus cordial de un noble alegre e ingenuo extraño a los tugurios infectos del mal vivir, de la mala vida oficinesca. "Sabes —me confesó con el cigarrillo apergaminado en su rostro como una nariz artificial o una boca doble— que, cuando se arrastra semidormido, tararea algún cuplé o fandango y, si alguna de mis compañeras se le pone a tiro, da unos pasos de baile con ella. Pero eso sí, manteniendo las distancias, pues el pobre es ante todo un caballero que nada tiene que ver con la grey de cafres y desairados que pulula por estos pagos".

Veo a las hienas quitarle al león su presa. Y, entre ronquidos y rugidos impotentes de pena y derrota, veo al león abandonar su comida y enfilar la noche infinita de la Sabana sabiendo que no podrá descansar y que deberá seguir cazando hasta que las hienas lo dejen en paz.

Recuerdo entonces, por una asociación de ideas o de experiencias, al degustador de su solitaria y bulliciosa errancia laboral, y creo, en las bocanadas de la siesta, preludio del estertor definitivo, como iluminación desolada de mi triste y consabido destino de jubilado, al que solo el *sushi* del súper despierta sus ya casi extinguidos apremios culinarios del fin de semana, cuando, antes de quedar viudo, saboreaba con mi mujer los únicos momentos de calor vital que nos eran dados a dos currelas como nosotros, pues de los hijos prefiero no hablar, haber llegado a entender el secreto de aquel andar perdido que se alimentaba de la febril y enloquecedora imposibilidad de que el resto de oficinistas deambulase con él.

El *flâneur* del trabajo no trabajaba, sino que, como el caracol por la hoja, se deslizaba por la oficina sin saber practicar otro oficio que el de seguir el rastro fantasioso de sus vírgenes días laborales. En ese deslizamiento huero de dedicación y compromiso, de actividad y sentido de empresa, de concentración resolutiva y pertinaz ejecutoria, había, sí, y pese a lo esperable, método y sentido. Pero no los del deber profesional ni los de la ética del trabajo, sino los motivados por la necesidad contemplativa de aspirar el humo de la fábrica a fin de especular con el rodar de los trenes, de martirizar el ordenador hasta extraer del rodillo pétreo de los *excels* la utopía de una clasificación falsificada y catastrófica.

Aquel fantasma impertérrito del tiempo de trabajo,

aquel merodeador de la obligación laboral en absoluto
parecido a un mirón y más próximo a un espectador piadoso del comportamiento indígena, aquella figura traslúcida que siempre tenía una palabra consoladora para
el minero que pica la piedra, arrastra la carretilla o res-
pira el grisú de un jefe mozo henchido de ambición y
malignidad, contra toda evidencia, no perdía el tiempo,
ni hacía perder el tiempo. Más bien, si cabe decirlo así,
él, en su condición vaporosa, acomodaticia y transeúnte,
oficiaba en la oficina como un auténtico exaltado o entusiasta de la dedicación laboral, se alimentaba de la actividad ajena, rutinaria y opresiva como un pájaro libre
de ataduras se engolfa en la jaula de hierro cuando solo
él puede entrar y salir a discreción de la misma, sin hacerse notar, ni llamar la atención; sin molestar, ni inco-
modar a nadie, dejando tras él, en el soporífero estuche
de acero, la tranquilizadora encomienda de un diletante
del trabajo, por cuyas simas de perdición los demás éra-
mos incapaces de deslizarnos, embarrancando en ellas
como un barco a la deriva termina naufragando en los
escollos del *bureau*, donde las hienas hacen palidecer al
león, al viejo león caído que fulge en el corazón de cualquier trabajador de cuello blanco.

    ¿Por dónde andará perdido el *flâneur*? ¿A qué orillas
habrá ido a parar? ¿Qué estirpe masacrada y diezmada
de hombres recibirá de su compasiva mirada el mensaje
consolador de sus casi indetectables vagabundeos?

    Su individualidad consciente de hombre reñido con
la práctica profesional, pero no con la aureola de esta,
con la heroica conciencia laboral, sin duda seguirá bri-
llando por esos mundos de dios, por esas dantescas ofi-
cinas de nuevo cuño formadas por *praderas* sin espacio
para la intimidad y corroídas hasta el tuétano por la in-
sidia de las *sillas calientes*, que son para el más espabilado,
para el primero en llegar a la jaula de hierro, que no pasa

de ser, pese al alarde del madrugón y lo que él suponga sobre sí mismo confundido por su endiosamiento, una caricatura del rey de la selva.

Me gusta pensar, cuando ya los buitres espantan incluso a las hienas y quedan como los gobernantes del hueso roído, de la presa sin músculos ni entrañas, casi traslúcida, que el *flâneur* no existió y fue la invención, el elixir decantado de nuestros más rocosos anhelos profesionales.

26. LA CARNE Y EL CUERPO

I

RESULTA asombroso leer, hoy en día, en un mundo que ha hecho del cuerpo, del sentido del cuerpo y de las políticas del cuerpo, una obsesión, un campo de batalla cultural, la obra maestra de Peter Brown *El cuerpo y la sociedad. Los cristianos y la renuncia sexual.*

El gran historiador de la Antigüedad tardía se enfrenta, en una investigación que se lee conteniendo el aliento, tal es la capacidad de Brown para inyectar "sangre caliente" en una primitiva cristiandad que tan "pálida" resulta para la mirada contemporánea (el libro apareció en 1988), a nombres tan señeros de la tradición cristiana como los de Clemente de Alejandría, Orígenes, los Padres del Desierto, Gregorio de Nisa, Juan Crisóstomo, Jerónimo y Agustín, por citar solo algunos.

El asunto abordado en el libro, sin entrar en mayores explicaciones, ni pretender en absoluto resumir aquí la complejidad del tema tratado en él, gira en torno a los orígenes de lo que Jacques Le Goff llamó la "derrota del cuerpo". Es decir, en torno al proceso histórico en que, entre los siglos II y V después de Cristo, se fueron incubando algunos de los aspectos fundamentales del cristianismo medieval. Y, paralelamente, se fueron dejando de lado otros cristianismos posibles.

Brown explica de manera inolvidable y cautivadora cómo se abrió camino en el cristianismo primitivo un ideal ascético y puritano ensalzador de la virginidad, de la renuncia sexual, basado en el temor y temblor que ocasionaba, desde San Pablo, la *carne*. Una palabra proteica, que irradiaba mucho más allá de lo físico y sexual, a la que Agustín, en su influyente y decisivo "humanismo tenebroso", emparentó con el daño irreparable de la voluntad del hombre caído.

La "derrota del cuerpo" en la Edad Media vendría así a espigar, de aquellos primeros siglos de la cristiandad, cuando esta aún no se había desgajado de la sociedad romana, el sentido paulino y agustiniano más sombrío respecto de la carne, el cuerpo y las relaciones sexuales, amenazantes incluso en el lecho conyugal por sus *descargas*, inasequibles a la rectitud del espíritu y la pureza del corazón. Tal derrota quedaría íntimamente asociada a una correlativa *derrota de la ciudad*, de aquel mundo social romano fundado en virtudes cívicas cuya orientación pública sería sustituida por la dimensión extramundana de la Iglesia, y por el espacio doméstico y privado de las familias cristianas.

Si se afronta ese proceso histórico desde nuestra actual obsesión con el cuerpo, la identidad sexual, la libertad para transformar el cuerpo, la igualdad entre los sexos y las batallas culturales, junto con las políticas vinculadas con las mismas, relacionadas con dicha obsesión, se estaría tentado de argüir, tras leer el libro de Brown, que, antes del eslogan *lo personal es lo político*, cobró forma otro, en el paso del mundo antiguo al medieval, que podría rotularse así: *lo familiar es lo espiritual*.

El segundo eslogan remite a las dos derrotas que hemos nombrado, la del cuerpo y la de la ciudad. A lo que apuntaría es a una realidad íntima y privada en la que las marciales y festivas virtudes de lo público, con su mayor tolerancia hacia las necesidades del cuerpo, aunque siempre dentro de unos límites de severidad, habrían permutado en la influencia de la guía espiritual del clero, célibe y virgen a partir de un momento, sobre el ámbito de lo doméstico, que es donde se jugaría la salvación de los cristianos y en el que estos deberían establecer un *pacto con el mundo* lo más ascético posible.

Expuesto así el marco de mi reflexión, lo que a continuación voy a emprender cabría resumirlo como un ejercicio de extrañeza. No pretendo sostener un argumento moral sobre la actual obsesión con el cuerpo, que da pie a desde enfrentamientos sobre la transexualidad, pasando por desacuerdos sobre la prostitución, hasta polémicas sobre cuestiones como el machismo, las violaciones, etcétera. Y, por ello, renuncio a juzgar esa obsesión, en la que, para unos, se debatiría el valor sustancial de la libertad y la igualdad; mientras que, para otros, se avistarían los perfiles decadentes y apocalípticos que se desprenden del hecho de suprimir una idea objetiva de naturaleza humana.

Lo que busco es expresar la fricción, la perplejidad, la extrañeza que me ha deparado leer el libro de Brown hoy en día, teniendo presente en la cabeza las indeterminadas corrientes de un nuevo puritanismo que parecen extenderse por los discursos más radicales y emancipadores sobre el cuerpo, la identidad y el sexo. Esas *nuevas tolerancias* paradójicamente hedonistas que, en ocasiones, tanto recuerdan a la vieja intolerancia.

II

En ningún caso, se trataría de equiparar la obsesión de los Clemente, Orígenes y compañía con el cuerpo con la de quienes, en la actualidad, apuestan por el hecho de que cada uno tiene el derecho a ser lo que siente que es; de que la revolución pendiente, a diferencia de 1789 o 1917, tendría que afectar ya no al ámbito público de la sociedad, a sus instituciones políticas, sino al ámbito privado de la misma. Esto es, a ese espacio invisible que puntúan costumbres y mentalidades, hábitos y actitudes, en el que, por las relaciones de dependencia, obediencia y subordinación que lo definen, se arriesgaría nuestra libertad real, la deseable experiencia de una sociedad definitivamente igualitaria y diversa. Donde todos obtuviesen el reconocimiento de todos en sus cotidianos ejercicios de autodeterminación.

La carga política y cultural que ha adquirido lo que Kant contrapuso al "uso público de la razón", y que denominó "uso privado de la razón", entrañaría, si no una nueva derrota del cuerpo, sí una nueva derrota de la ciudad, de la idea de ciudadanía. El "uso privado de la razón" adquiere prestancia en las batallas culturales de nuestro tiempo a través del eslogan *lo personal es lo político*. Este implica una subversión de la idea de ciudadanía, estrechamente vinculada con el "uso público de la razón", precisamente porque insiste y defiende que lo fundamental de la vida humana no sucede en el espacio visible de lo público, sino en el espacio oscuro de lo doméstico.

Es ahí donde la costra del pasado, en forma de prejuicios y formas de dominación cultural como el patriarcado, destilaría sus líquidos más venenosos. Frente a estos, el estatus de ciudadano no sirve para cambiar las cosas porque afecta a la superficie de estas. Lo imperativo es un acto mental y político de *descolonización* del espacio doméstico, ya que de semejante y emancipador acto, que intervendría sobre las capas más profundas de la vida social, dependería que cada uno pudiese establecer con su carne, con su cuerpo la relación que, libremente, le inspire su sentimiento de identidad.

III

Equiparar lo que hoy nos jugamos en la obsesión con el cuerpo con el "pálido" cristianismo de los orígenes no parece acertado. En la reflexión de los autores de los que habla Brown, no se postula una actitud libérrima y en absoluto suspicaz o prevenida respecto de las realidades del cuerpo, sino todo lo contrario. Hay autores, en este sentido, más tolerantes, que asumen el legado severo, mas comprensivo de la sociedad romana tardía, y otros radicales en su consideración del sexo como un pozo de perdición que amenazaría incluso con enturbiar el lecho conyugal. Pero en su conjunto, la obsesión con el cuerpo de los primeros cristianos y su gusto ascético y puritano parece emitirse en una longitud de onda situada en las antípodas del hedonismo en el que estamos hoy en día instalados. ¿Temor y temblor paulinos ante la carne? ¿Severidad agustiniana respecto del irredimible yermo humano? ¿Apuesta por la virginidad y la renuncia sexual como ideales?

Qué tiene que ver aquello con esto, el ascetismo con el hedonismo, la suspicacia ante la carne con la adoración del cuerpo. Sí, podemos convenir que ellos y nosotros, posromanos y posmodernos, nos inclinamos a *lo personal, lo familiar, lo íntimo y lo privado* como el nudo gordiano del estado de gracia, la libertad y la igualdad. Y en que, desde esta perspectiva, unos y otros hemos *asaltado la ciudad* con el fin de demoler la prescripción de sus valores inmemoriales, de sus cultos y ceremoniales más conspicuos, de sus prácticas y costumbres inveteradas; en fin, la idea de que es, en la vida pública, donde el hombre alcanzaría su perfección en cuanto ciudadano, más allá de sus particularidades espirituales o identitarias. Parecería que ellos y nosotros nos encontramos en posesión de *algo* que avala el activismo entusiasta de quienes tratan de salvar al hombre de la iniquidad y exonerarle de la costra del pasado, que circunda, como un halo pestífero, al paganismo politeísta, y al patriarcado misógino.

La *antigua* ciudad se destruye desde los abismos de su cotidianeidad, a partir del comportamiento santificado de las familias, o del comportamiento empoderado de sus minorías. Unas y otras portan la enseña de un nuevo mundo donde la relación con el cuerpo se convierte en la llave que abriría todas las puertas. Pero no, y esto es lo esencial, en la clave de la ciudadanía, sino en la del prosélito de una religión, o en la del detentador de una determinada identidad, cuyo radio de acción, tanto el religioso como el identitario, se enmarcaría en una revolución antes cultural que política, antes de las conductas y las mentalidades que de las instituciones. Precisamente de las conductas y las mentalidades acotadas por el espacio de lo doméstico, de las familias y lo personal.

Ellos, los cristianos primitivos, con sus pálidos ideales de renuncia sexual y ascetismo, qué tienen que ver con nosotros, hombres y mujeres desprejuiciados que han hecho de la liberación sexual y la igualdad de los cuerpos el pan nuestro de cada día. Cómo y por qué razón que no sea maligna subrayar un aire de familia entre mundos tan contrapuestos. Realmente, ¿existiría algún parecido entre un eremita del desierto egipcio que flagelaba su carne con el ayuno y la abstinencia sexual y la manera actual de asumir sin prejuicios los impulsos que nacen de la concupiscencia, hasta el punto de que hablar de esta o de lujuria sonaría actualmente como una cosa de abuelos cebolletas?

IV

Y, pese a todo, aun en contra del sentido común, contrariando lo plausible y evidente, es decir, el drástico contraste entre puritanismo y renuncia, por un lado, y hedonismo y disfrute, por otro, lees *El cuerpo y la sociedad* y no puedes sustraerte a la impresión de que, en lo leído, hay un poderoso e inquietante aire de familia entre los posromanos y los posmodernos, entre la religión cristiana y la cultura del empoderamiento, entre los puritanos de antaño y los activistas de hogaño.

La manera en que pensamos nuestros cuerpos expone el tipo de sociedad en que vivimos. Esto lo tenían claro desde un Clemente hasta un Agustín. Cualquier variación religiosa o cultural que introduzcamos en el sentido de nuestros cuerpos impacta de lleno en la sociedad en cuanto, como hemos señalado, encrucijada institucional de toda una serie de herencias o, si se prefiere, de inercias y atavismos.

En el cuerpo, por consiguiente, se libraría una de las principales batallas para responder a aquellas herencias, al peso del pasado. De ahí que, sea cual sea el cariz, ascético o emancipador, de nuestra relación con el cuerpo, el hecho de pensar a este, de obsesionarnos con su inestable y fluida materia nos impela a problematizar la mentalidad, el orden institucional e, incluso, los hábitos oscuros y casi invisibles, de tan consabidos como son, del mundo social que habitamos.

Si así son las cosas, antes y ahora, no resultaría descabellado aceptar que incluso la obsesión igualitaria y hedonista con el cuerpo, situada en las antípodas de la renuncia sexual, plantea, por encima de su mensaje emancipador, toda una serie de tareas, obligaciones y constricciones de cara a lograr el objetivo final, que es, desde *lo personal es lo político*, construir una sociedad fundada en el *derecho a ser lo que sientes que eres*. Esta frase tiene una resonancia en cuanto a salvación profana de uno mismo que la aproxima extrañamente a aquella otra de que *lo familiar es lo espiritual*.

En ambas frases, se percibe un estado de conflicto, agonía y polémica contra esa ciudad, esa sociedad, esas instituciones, esa mentalidad, esos hábitos y costumbres que impedirían liberar al hombre de sus cadenas. Ataduras del cuerpo expuesto a la costra de lo secular que le incapacitan para decantar, desde su postración personal, privada y doméstica, que es la única y verdadera esclavitud, un aroma de beatitud y salud con el que pueda reconciliarse y refocilarse.

V

Hay, como cabe entender al hilo de esta reflexión, mucho involucrado en la sanación y liberación de la carne. Tanto que esta idea de la sanación y la liberación de la carne podría ser compartida por un antiguo defensor del ascetismo y por otro actual del hedonismo. No se puede hablar del cuerpo inocentemente, sobre todo cuando lo hemos convertido en el centro de nuestro discurso sobre la sociedad en la que vivimos, porque, al constituir una encrucijada social, un símbolo de envilecimiento y renacimiento, pocas bromas cabe hacer sobre él, en el sentido de avalar un tono jocoso y desinhibido cuando tomamos por objeto de nuestras risas algo tan serio y trascendente como el cuerpo, y lo que este denota y connota respecto de quiénes somos y qué cadenas nos atan.

Si no se puede hablar del cuerpo inocentemente ante el trasfondo pagano del politeísmo o ante el trasfondo machista del patriarcado, ¿quedaría alguna duda de que

quienes hoy en día capitalizan, desde diferentes plataformas y con diferentes estrategias y fines, la lucha por una
carne liberada de servidumbres asumen esa lucha ascéticamente, con los labios cerrados y el sentido del humor,
no digamos ya la ironía, encerrado bajo siete llaves?

Se puede defender una actitud libérrima ante las realidades del cuerpo. Se puede apostar por el deseo no culpable, por la búsqueda, sin rastro de pecado, del goce, el
disfrute y el placer. Se puede exclamar que uno es dueño
de su cuerpo, templo ya no de Dios, sino de uno mismo,
y que cada uno *cultivará* según su sabia discreción. Incontables son los altares, pequeñas capillas domésticas,
que cualquiera debe tener el derecho de erigir sobre sus
uñas, sobre cada uno de sus pelos, sobre sus cavidades y
protuberancias, sobre sus fluidos y secreciones. Lo pro-
fano de cada uno, en el sentido más subterráneo y mate-
rial del yo, es un reino de transparencia absoluta del que
es soberano, único e indivisible, el sentimiento propio,
la voluntad propia, los apetitos propios.

Todo esto se puede hacer y se está haciendo, de hecho.
Aunque de vez en cuando, saltan contradicciones que
nos dejan perplejos y a las que no sabemos cómo responder. Si somos reyes de nuestro reino corporal, ¿consentimos que existan cuerpos prostituidos porque así lo han
decidido sus dueños? ¿Consentimos que haya mujeres
que decidan alquilar su vientre para engendrar el hijo de
otros? ¿Consentimos que un adolescente pueda decidir
ser un hombre, si es una mujer, o ser una mujer, si es un
hombre? Por cierto, al respecto de este interrogante, ¿pesa
más lo que uno *siente* que es que lo que *es*?

Entendamos que si una liberación del cuerpo como la
actualmente en curso ha llegado al extremo de descalifi-
car como oprobiosa forma de dominación la partícula *es*
de la última pregunta planteada más arriba, sustituyén-
dola por la partícula *siente*, y sin entrar, pues no soy filó-

sofo, en las cuestiones implícitas en tan drástica distinción, cómo pensar que semejante y expeditiva liberación, basada en un *Fiat* de alcance universal e impredecible, pueda desenvolverse sin la ayuda inevitable de una conducta inflexible, ascética, puritana.

Las drásticas distinciones y las insuperables contradicciones a que aboca, posiblemente, cualquier rebelión contra las estructuras profundas de una sociedad, sea la politeísta o la patriarcal, resultan manejables únicamente mediante una conciencia rigorista, mediante un grado inusual e infrecuente de mentalización en la defensa de la *obra de purificación* que se está realizando contra todas las resistencias, contra todas las críticas y contra todas las poderosas inercias del *antiguo* mundo objeto de condena y demolición.

VI

Al leer el libro de Brown, irrumpe la extrañeza del aire de familia que comparten los cristianos primitivos y los, no sé si el término dice mucho o poco, activistas del empoderamiento. En el fondo, y pese a todas las diferencias entre ellos, unos y otros compartirían el designio de empoderarse ante la carne y emancipar al cuerpo de las señales que lastran socialmente en él su vocación superior.

Para los primeros, tal acto de autoafirmación conectaría con un mandamiento *religioso*, y se materializaría en hechos como la abstinencia sexual, el ayuno y la aceptación de un estado de virginidad y celibato.

En un momento prodigioso del libro de Brown, que tiene el arte de perfilar las opciones dejando abierta su resonancia personal en el caso de cada autor, se insinúa que los Padres del Desierto podían llegar a tal estado de perfección que terminaban viendo en su cuerpo ya no el mal a combatir, sino la dúctil y luminosa figura de lo *in-corpóreo*, de una especie de materia inmaterial que alentaría un sentimiento puro e inocente, el de un hombre renacido a una nueva y gloriosa vida. Con tal luz en el corazón, Padres como San Antonio cosecharían la íntima evidencia de haber derrotado a la "época actual".

Para los segundos, el empoderamiento canalizaría un mandamiento *cultural* por medio del que hombres y mujeres se apartarían de la sombra del mal, de la desconfianza en los impulsos de sus cuerpos, en sus necesidades y apremios, y sacralizarían su *carne* como una morada dúctil y luminosa inspirada en la corriente benéfica de los sentimientos. Estos ya no desprenderían la maligna aureola de las pasiones, y operarían libérrimamente como apaciguadores de cualquier duda que uno pudiese experimentar respecto de los surcos que el cuerpo va trazando en la vida. De tales surcos, la cosecha nunca será mala porque, en ellos, se habrá esparcido la simiente sentimental que predice necesariamente frutos buenos y deliciosos.

En este esquema convenientemente estilizado, hay algo que no soy capaz de soslayar. Una especie de mosca cojonera que no me quito de la cabeza. Intentaré dar cuenta de ella.

Los empoderados cristianos de la Antigüedad tardía podían llegar a un estado de beatitud respecto del cuerpo como el que encarna la biografía de alguno de los Padres del Desierto. Pero este estado supremo de gracia no era lo corriente. Lo corriente, respecto del cuerpo, era la suspicacia y la prevención que inyectaban una tenebrosa sospecha sobre el gesto *humanista* de aplacar la carne e, incluso, en cierta manera, de transfigurarla en cálida luz interior.

Sin embargo, en nuestra actual relación con la carne, es como si hubiésemos partido del estado de beatitud señalado. Es decir, de un modo no demostrado, a partir de una, en el fondo, violentísima negación de cualquier sospecha, partimos de que se ha producido un *eclipse de las pasiones*, del amor propio y la concupiscencia, y que, en vez de pasiones confusas y potencialmente malignas, hay sentimientos soberanos, auténticos y transparentes. Ni siquiera necesitamos de *la travesía por el desierto* para llegar a ese nirvana de autenticidad y transparencia porque, de forma abrupta y drástica, hemos, en nuestra actitud frente al cuerpo, despoblado la carne de cualquier otra *corrupción* que no sea la de la antigua sociedad patriarcal. Deslegitimada esta, ¿por qué sospechar de la carne y no abrazarla en la proteica y magnífica iridiscencia de cada uno de sus deseos e inclinaciones si ha sido emancipada del *pecado original* del patriarcado?

Pero hacer las cosas así no soluciona el problema de origen, dado que por mucho que nos hayamos doctrinalmente despojado de las pasiones, estas siguen ahí, azuzándonos y molestándonos. Es decir, demostrando con insistencia que el cuerpo, la carne, más allá de mistificaciones culturales, o de experiencias místicas en el desierto, exhala vapores en los que resulta aventurado dirimir una promesa de plenitud.

Los cristianos de la Antigüedad tardía tuvieron a Agustín para recordarles, con una tenebrosidad finalmente triunfante en la Edad Media, ese extremo. Nosotros estamos faltos de *activistas* que señalen con algo de sentido común, y no necesariamente desde un humanismo tenebroso, que no todo lo malo puede ser encapsulado en una categoría como la de patriarcado. Y que, arrumbado este, sea lo que sea que signifique tal arrumbamiento, el hombre y la mujer, con sus pasiones, y no solo con sus soberanos sentimientos, seguirán ahí.

VII

El neopuritanismo tiene una aparente ventaja frente al viejo ascetismo cristiano de la renuncia sexual: libera al cuerpo de aprensiones religiosas y contribuye a que mantengamos, en principio, una relación más relajada con la carne.

Sin embargo, el tipo de batalla planteada contra los prejuicios de la vieja sociedad que se esfuerza en desmantelar instigaría una decisión *hiperrigorista* en su evaluación del cuerpo. La decisión virtuosa e inapelable de convertir el estado de beatitud de la carne, la dúctil luz interior que emanaría de ella una vez exterminadas las inercias del pasado, en un orden sentimental de obligado cumplimiento para todos. Resultado hasta cierto punto inevitable de haber cifrado en el cuerpo una lucha doctrinal, cultural e ideológica orientada, mucho más que a emancipar la carne de sus ataduras, a establecer, sobre dicha emancipación, un nuevo régimen social que reduzca a escombros y cenizas el patriarcal.

Lo que quiero insinuar es que, cuando el cuerpo se transforma en la encrucijada de una batalla como la señalada, resulta francamente difícil que las cosas transcurran sin grandilocuencia, sobreactuación, radicalismo y una buena dosis de puritanismo. Al respecto, daría igual que la lucha lo sea no por la "derrota del cuerpo", sino por su afirmación soberana, pues esta se hallaría prisionera de un planteamiento maniqueo entre lo ilegítimo y lo legítimo. De tal manera que la descalificación sin matices de todo lo que provenga del *pasado* que se trataría de cancelar abocaría a abrazar un *pesimismo de la igualdad*. Es decir, teñiría de sospechas la nueva sociedad de los cuerpos emancipados por temor a que, entre sus corrientes salutíferas, persistiesen gestos, palabras, conductas, etcétera del nefasto, por ilegítimo, patriarcado.

¿Cabe imaginar que, con toda esa carga de lucha, ideología e invencibles pesimismo y sospecha, pueda hablarse sobre el cuerpo sin tener siempre la susceptibilidad a flor de piel y la denuncia a un clic de ser activada al menor asomo de *algo* que recuerde al ominoso pasado? En tal estado de exacerbada vigilancia, se corre el riesgo de convertir la defensa de la libertad y la igualdad en un mazo con el que golpear puritana y ascéticamente a quienes no se adaptan al nuevo y obligatorio orden sentimental, a la nueva y *desprejuiciada* relación de cada uno con su cuerpo y con el de los demás.

No sé qué autor decía aquello de que hay quienes arremeten contra los monjes con espíritu de monje. O que predican el sexo libre y consciente en cuanto "nuestra conexión más sólida con el sentirnos vivos", y las metamorfosis corporales como forma de autorrealización personal con un tono de voz, unas maneras y una gestualidad que parecen más propias de los que apuestan por la virginidad, el celibato y la abstinencia.

Si ya el combate contra un tipo de sociedad, por muy hedonistas que sean sus objetivos, no cabe abordarse sin constricciones que envuelvan dicho hedonismo en una atmósfera de cruzada; el hecho mismo de elevar la *carne* a un punto inatacable de transparencia y autenticidad se haría tan en contra de la evidencia psíquica y física a disposición de cualquiera que resulta lógico esperar de este hecho forzado, como de aquel combate, *llanto y crujir de dientes*, los que necesariamente acompañan las rebeliones, más que contra un tipo de sociedad, contra la naturaleza de las cosas. Que por serlo contra la realidad, agudizan hasta el extremo los paroxismos entusiastas, e inoculan en las defensas apasionadas del hedonismo una ristra interminable de paradójicos efectos o consecuencias imprevistas.

Lean, pues, el libro de Brown. Yo, ante los ejemplos de renuncia citados por aquel, como el del muchacho que decide castrarse para dejar de tener pensamientos impuros (hoy diríamos, para salir de un cuerpo extraño) o el de alguna visión cristiana de un futuro en que las diferencias entre los cuerpos de hombres y mujeres se diluirían, no podía dejar de sentirme inquieto. Pues tanto las decisiones extremas con el propio cuerpo como las visiones que anticipan profundos cambios gramaticales en el uso de los pronombres me sumían en un sueño profundo del que despertaba no sé a ciencia cierta si entre las dunas del desierto o entre las campañas del Ministerio de Igualdad del último Gobierno socialista.

Por cierto, creo que, al hilo de alguna de dichas campañas, un alto cargo ministerial postuló que, para las mujeres, es mejor encontrar el placer en sí mismas que en un hombre. Lo cual, más allá de mover a rechifla, probaría que no cabe obsesionarse con el cuerpo y salir indemne, es decir, sin terminar abogando por una forma u otra de onanismo.

27. EL CONCEPTO DE TURISMO EXPLICADO POR UN MONGOL

En un nuevo ejemplo de la esquizofrenia de nuestras adelantadas sociedades, que dan fe a cada nueva ocasión del barullo mental que provocan las sucesivas oleadas del progreso, la hemos emprendido ahora con un querer y no querer al mismo tiempo a los turistas, al turismo.

Nos abonamos a los diferentes géneros que nos brinda el progreso más rutilante: turismo de riesgo, turismo solidario, turismo de negocios, turismo de naturaleza, turismo sexual, turismo rural, turismo de aventura, de borrachera y, ejem, un largo y cansino etcétera. Pero por otro lado, y tras esta extensa casuística que refleja sin duda una pulsión teológica de nuevo cuño, aborrecemos a las masas de turistas que inundan nuestras ciudades, que ocupan nuestros barrios, que se alojan en nuestras comunidades de vecinos, que llenan bares y restaurantes y que, con su sola presencia, nos sumen en el desconsuelo de reconocer la extranjerización de lo nuestro, lo propio, el mundo local que no quisiéramos ver ocupado por esta reencarnación de la Horda de Oro.

Por un lado, el oro del turismo. Por el otro, la horda. ¿Qué diantres hacemos entonces con el progreso y su bascular entre polos tan antagónicos como el PIB y la tranquilidad del sueño de existir entre paisanos y vecinos sin rasgos mongoloides? Ya desde algunos bares de la Galicia profunda se nos avisa de que cerrarán en el ferragosto para no tener que lidiar con los *fodechinchos*, ese turista mesetario maleducado e irrespetuoso que pide un vodka con limón y cinco chupitos en que verter tan escueta consumición para equilibrar su magro presupuesto entre los colegas de turisteo por rutas jacobeas.

Bien, ante la que nos está cayendo, permítanme una breve disquisición teórica de tenor confesional. Por mi parte, he de decir en primer lugar que no tengo el más mínimo problema, quizás al no padecerlos, con los turistas, sino con el concepto de turismo. Aquí, en las luces del ideal antes que en las sombras terrenales del *fodechincho* o el inglés borracho y *hooligan*, es donde, yo al menos, gripo. Porque, vamos a ver, qué demonios entendemos por irnos de turismo, hacer turismo, tener el turismo por destino. Qué es eso del turismo como idea, concepto e, incluso, teoría sobre la vida en sociedades adelantadas como las nuestras.

Adentrémonos en la masa oscura de lo que entraña la perdición de verse abocado a ocupar, con movimientos lineales y predeterminados, el tiempo de ocio, vacacional, de no trabajo, sea la escapada puntual y reconfortante o la permanencia dilatada y salutífera. El problema es, como diría Montaigne, que no tenemos una *habitación propia* y que, en ese vacío, además, no sabemos estar a solas con nosotros mismos, que es la apostilla pascaliana al designio del montañés.

He ahí el quid de la cuestión. Salir al espacio exterior para burlar la exasperación interior. Yo esto lo tengo muy presente desde que un familiar muy cercano que padece el baile de san Vito, trabajador desbordante, presencia familiar insustituible, de esas que te organizan la vida a poco que te descuides, me ha demostrado las contraindicaciones de todo género y condición que depara no aguantarte quieto en casa y estar siempre buscando excusas para hacer cosas, levantar las alfombras y, en fin, huir del vacío de carecer de una habitación propia en la que poder holgar a conciencia con tus penas y soledades.

Dios de mi vida, pollos sin cabeza deben de ser estas

colonias de turistas que nos invaden si se los juzga por el baile de san Vito de ese pariente que me enerva, pero el cual, cuando los problemas acucian, es el primero en poner un poco de orden en la hecatombe. Por ejemplo, en esa llamada a altas horas de la madrugada para preguntarle qué hacer con un huevo que ha estallado en el suelo de la cocina, ¿recogerlo con papel de ídem o absorberlo con una bayeta? No se me pongan estupendos que los estoy viendo por el rabillo del ojo y ya noto las sonrisas complacientes. Lo que no decían Montaigne ni Pascal es que, detrás de la habitación propia y la paciencia de saber estar a solas en ella con nosotros mismos, con nuestro tumulto interior, suele avistarse, como acompañante necesario, la impotencia y falta de destreza en los asuntos cotidianos. Sirvan de ejemplo el huevo suicida que te desvela a altas horas de la madrugada abrumándote como al asno de Buridán o esos literatos y filósofos de primer nivel que no saben hacer la o con un canuto y se permiten, sin haber aprendido a conducir, interpretar el papel de copilotos que no le pasan una al conductor del vehículo. Coño, pues aprended a conducir, pánfilos, que hasta un huevo pocho os perturba más que el imperativo categórico.

En fin, hay gente que limpia con el pensamiento lo que ensucia con las manos. Lo cual es otra manera de decir que la exquisitez teórica suele estar reñida con el sentido práctico. Y a esto iba, a la distinción entre el concepto y la realidad del turismo, que da pábulo a una más de las incontables esquizofrenias regadas por esa planta carnívora y venenosa que llamamos progreso.

Los turistas tienen un pase, aunque sean mesetarios y abusen del alquiler turístico. La familia Telerín que sale en busca de confort en un parque temático, sea el de Benidorm o la Ávila de santa Teresa de Jesús (hay que ver en lo que ha terminado la austeridad mesetaria, los cam-

pos de Castilla y sus espirituales ciudades), me parece a
mí una de las cosas más pedestres y civilizadas que existen. Diluciden por un momento cómo se prepara la salida en tales familias. El padre abnegado buceando entre
likes desde enero a fin de detectar un destino apañadito,
muelle y confortable para su santa y su prole. La mujer
malmetiéndose en el vía crucis del cónyuge para sabo-
tearle la posibilidad de quedar en paz consigo mismo
mediante incursiones despiadadas en toda suerte de posibilidades a cual más negra y diabólica (¿y si no es lo que
parece?, ¿y si las opiniones favorables están manipula-
das?, ¿y si llegamos y descubrimos para nuestra sorpresa
que no hay baño en la habitación, y el váter es colectivo,
como en los países del Este? Joer, Manolo, no te olvides
de lo que pasa en Venezuela...). Solo los niños, seres an-
gelicales, dulces y afectuosos, respaldan al progenitor
contra las destemplanzas maternas, pues al ver las imágenes internáuticas del destino vacacional, se las creen a
pies juntillas, ya que una imagen vale siempre más que
mil palabras para los niños...y para los adultos infantili-
zados y seráficos. Aquellos, sin ir más lejos, como otro
familiar del que suscribe que está encelado con los videojuegos y se ha montado su propio huerto en la terraza. A mí este pariente me repele un poquito, así que, a
sus espaldas, la última vez que lo visité, momento cele-
brado con una *pizza* del Mercadona y una empanada del
Día, pues aparte de huertos y videojuegos, es un poquito
rata, le pisé un tomate y escupí sobre el tomillo con el
que trató, el muy sibilino, de endulzarnos la incomible
pizza y la intragable empanada.

No desvariemos, que se me va la olla. Recuperemos el
hilo montañés y pascaliano, teresiano incluso, de esta
divagación turismofóbica o turismofílica, a gusto del consumidor. Lo que yo estaba a duras penas tratando de decir es que no hago buenas migas con la idea, el concepto

de turismo. Es esta una presencia extraña en mi cabeza que, como ven, no termina de estar bien ajustada, para la que no encuentro un lugar inocuo en la misma.

Si a más de uno el alquiler turístico le trae por la calle de la amargura, a mí lo que me solivianta es la secuencia de imposiciones y obligaciones que se desglosa indefectiblemente de la idea maldita. Con esa lógica tan draconiana que cobran los fulgores del progreso una vez que estos han ocupado el espacio que antiguamente ocupaba la religión. No compensan tales sustituciones porque las segundas partes, y menos en asunto tan bilioso como el de las creencias, nunca fueron buenas. Salir, viajar, ver cosas, moverte mucho, despertarte pronto, acostarte tarde, comer a salto de mata, cumplir un plan de viaje, no dejarte nada sin visitar, compadrear con otras familias, soportar a la prole, morderte la lengua con la parienta, todo esto y mucho más, qué duda cabe, se desprende del concepto y anticipa, en la aprensiva cabeza del odiador antes de ideas que de encarnaciones, un regusto que deja en agua de borrajas el huevo estrellado contra el suelo de la cocina.

Miren, para decirlo de una puñetera vez, no aguanto la entelequia del turismo, insufrible y extenuante pasatiempo de mis contemporáneos, porque, entre otras cosas, soy de los que piensan que el verano, como la adolescencia, solo tiene un aspecto positivo: que se acaba. Lo que admiro, sin salir de mi habitación, a solas conmigo mismo, lidiando con mis inflamados y asilvestrados espíritus animales, es al viajero y sus aventuras.

El mundo en sus manos, ¡vaya película! Irte a Alaska a matar focas, eso sí que es un ejemplo de solidaridad con la naturaleza y el medio ambiente. Competir con Anthony Quinn en una carrera de veleros azuzados por un viento huracanado. Enamorarte de la fugada princesa rusa y vivir con ella un romance propio del emperador del Norte.

A esto lo denomino yo salir de casa por un buen motivo. Y no hablemos del placer de ser espectador de ese viaje maravilloso a las regiones más extremas en un deslumbrante tecnicolor que es capaz de templar los espíritus animales más desatados y pugnaces.

Me gustan, me atraen, me encandilan las aventuras del viajero, así como detesto no al turista, sino la idea obsesiva y delicuescente que ha hincado el diente en su atolondrado vagar. El viajero es *otra idea*, un estado mental lleno de azares y promesas, un descubrimiento vicario de la auténtica e inimitable Horda de Oro, aquel grupo de guerreros mongoles conquistadores del mundo cuyos rasgos y acciones presagian lo contrario de lo que se desgrana en la fábula contemporánea y terrible de nuestra inquietud estival.

28. EL PERIODISMO FATAL

Este padre huérfano y crepuscular, que continúa frecuentando los telediarios de diferentes cadenas, ha terminado por verlos como se ven aquellas películas de cine negro protagonizadas por una *femme fatale*. Al igual que estas, los telediarios, sobre todo en verano, cuando suben las temperaturas y la cosa se pone al rojo vivo, activan el temor de que todo, irremediablemente, terminará mal.

En películas como *Perdición*, se sabe desde el primer momento que la rubia es mala, muy mala, fatal, y que el ingenuo seducido por ella lleva escrito en el rostro su inevitable y trágico destino. Semejante abismo de maldad y manipulación sustentado en un código narrativo que el espectador maneja con soltura ha llegado a adueñarse de los telediarios, convertidos en la *femme fatale* de nuestros tiempos.

Vivimos en una época terminológicamente agitada por situarse en esa extraña encrucijada que forma la unión del periodismo con la ciencia. Fruto de ella es una corriente desbocada de palabras, de supuesto origen *científico,* que se abaten sobre nosotros con la inexorabilidad del destino, de una manera ruda y expeditiva, con esa suficiencia devenida de una cultura que ha extraviado su *alma literaria* y, por ello, se ha entregado a fórmulas lingüísticas estereotipadas tras haberse olvidado de que el lenguaje constituye una realidad autónoma. Motivo de que el mundo se nos presente, en esas fórmulas hoy tan de moda en los medios, como una tabla lisa y pulida sin asomo de ambigüedades ni contradicciones. Bastaría leer a autores tan poderosos como Juan Eduardo Zúñiga y sus

Flores de plomo o *Largo noviembre en Madrid* para vacunar-
nos contra el despotismo banal de palabras sin fuste literario, es decir, expresiones que abren en canal el mundo
en que vivimos a fin de simplificarlo hasta el extremo
del beneficio comercial, la funcionalidad tecnológica o
la guerra cultural.

El periodismo se ha vuelto *fatal* en la medida en que
se arropa con credenciales *científicas*. Lo que se explica
porque un *lenguaje público* armado con un sentido incontrovertible de la verdad, por muy experimental y abierta
que sea la concepción de esta, termina desarrollándose
como una *retórica de la fatalidad*. Esto es, desencadenan-
do una *tormenta terminológica* que opera según la antigua
ley de las catástrofes prescritas. Al menos, esta es la sensación que le deja a este padre desnortado y confuso el
recuento diario de las temperaturas durante el verano: la
sensación de estar literalmente *jugando con fuego*, a punto de abrasarte bajo la *ola de calor* procedente del conti-
nente negro, o las *noches tropicales* que impiden dormir.
Mapas del tiempo incendiados en rojo, divididos en zonas
que gradúan ese rojo según sea mayor o menor el achi-
charramiento que nos espera indefectiblemente al cambiar de postura en la cama y percibir que ha dejado de
correr el aire. Vienen mal dadas, la temperatura de los
océanos avisa de *danas* ya no en septiembre u octubre,
sino puede que en agosto, las isobaras no mienten, los
dioses del clima andan mosqueados con el paisanaje, y
su cólera, no en forma de rayos y truenos, sino de calor
asfixiante y pertinaz sequía, o de lluvias torrenciales y
devastadoras, no tendrá contención ni miramiento al im-
partir justicia.

A esta retórica de la fatalidad, que transmite el espíritu de los augurios y vaticinios que llevaban a predecir,
en las vísceras de aves proféticas, el posible desenlace de
una guerra o la ventura de parir unos hermosos gemelos,

le suele acompañar la moraleja de que plagas y epidemias son la consecuencia de nuestros pecados. *Hibris* o desmesura que empuja a los mortales, esos hijos díscolos de la divinidad, a viajar en aviones contaminantes y obstinarse en no reciclar sus residuos, pese a la inspección municipal de las basuras, o al ojo escrutador de algún vecino, oráculo de los dioses, que, tras pillarte en falta tirando la bolsa negra en el cubo amarillo, te recrimina tu falta de devoción, por lo que tal prole descarriada se ganaría a pulso todo lo malo que le pueda suceder.

El periodismo fatal es afín, como resulta fácil colegir de lo dicho, a las cargadas atmósferas religiosas. Hecho ilustrativo de que una cosa es la ciencia y otra muy diferente los *usos públicos* de la ciencia. Al fin y al cabo, los científicos no administran la verdad, sino la ignorancia. Su *método* consiste en lidiar con la última para que esta no se vuelva absoluta y, dentro de la oscuridad que rodea al conocimiento, permita al escrutinio de la ignorancia formular teorías siempre expuestas a que una oleada de tinieblas las invalide. El mundo conjetural y experimental en que se mueven los científicos los mantiene sujetos a la incertidumbre, al uso precavido de cualquier terminología, es decir, a no hacer pasar las palabras por cosas, y estas por aquellas. Un deslinde procedimental que se pierde desde el momento en que la ciencia migra al periodismo y engendra sus usos públicos. En estos, hemos avanzado mucho menos que con la primera. Quizá, porque toda sociedad, antigua y moderna, religiosa o tecnológica, se ve impelida a administrar unos mínimos de fatalidad con los que atribuir un sentido al acontecer.

Es misión de los periodistas *construir relatos* sobre la actualidad. Para ello, hoy la norma consiste en dotar a aquellos de credenciales científicas. El resultado imprevisto acentúa la inevitabilidad de lo contado, pues la ciencia, más allá de cualquier matiz o suspicacia, aparece como fuente de certezas absolutas en aquellos relatos. Y aunque, en su campo propio, sea lo contrario de estas en cuanto portadora de una actitud escéptica y crítica; en sus usos públicos, en su proyección periodística, por efecto de una combustión fatal, hace del relato de la actualidad una emisión terminológica que agudiza en quien lo recibe la sensación de que no existe escapatoria, de que la espiral de lo peor resulta imparable en su crecimiento exponencial, y que el verano queda reducido al significado de *ola de calor continua,* de *eterna noche tropical.* Sin que esta evoque daiquiris y aguas caribeñas, sino la gota malaya que los designios científicos del periodismo vierten sobre nuestra impotencia de seres arrogantes a los que los dioses quieren dar su merecido.

A través de los usos públicos de la ciencia, entramos en una aciaga atmósfera de fantasmas verbales de tenor catastrofista que, aun más que el calor nocturno, nos roban el sueño. Que las catástrofes están ahí, a la vuelta de la esquina, no seré yo quien lo niegue. Y que los periodistas, como meteoros salutíferos del sanedrín de los expertos, como tropa intelectual y misericordiosa al servicio de la diosa verdad, cumplen con su responsabilidad al avisarnos de la hecatombe, tampoco seré yo, pobre de mí, que tan extraviado tengo el sentido de responsabilidad, causa de un dolor gastrointestinal persistente y de muy mal augurio, quien se atreva a impugnarlo. Es más, creo entender por qué sucede esta afanosa y telúrica búsqueda narrativa de seguridad por parte de los periodistas al ser un consumidor de películas negras, negrísimas.

La *femme fatale,* en cuanto arquetipo, es un aviso para navegantes, para los tontos románticos que sucumben a las artes de seducción de seres, como dice la rubia de *Perdición,* podridos por dentro. Del mismo modo, el periodismo fatal, al igual que el cine negro, vendría a prevenirnos, con sus dardos continuos y aplastantes, con sus isobaras, mapas al rojo vivo y, en el caso de alguna mujer del tiempo, tacones de aguja, pues el pronóstico de la catástrofe no tiene por qué envolverse en harapos de tiendas de *todo a cien*, respecto del bobalicón e ingenuo romanticismo de aquellos tiempos, ¡ay!, no tan lejanos en que se transitaba por el verano sin que los augures de la meteorología despachasen las vísceras del animal etiquetándolas *ad nauseam*. Sin tantos nombres, presagios y ruido de cadenas, las vísceras expuestas ante los televidentes eran lo que eran, pero no se sobredimensionaban en la escala doctrinaria de un *mensaje* pseudocientífico sobre nuestra depravación.

Que los avisos sobre los *pecados sociales* y sus consecuencias son necesarios, reitero que no seré yo quien lo recuse, solo faltaría. Estamos, sea con sacerdotes o con periodistas, hablando de algo muy serio que afecta al disco duro de la supervivencia del hombre, un asunto, como podrá comprenderse, fundamental en cualquier momento de la historia de la humanidad. Únicamente estaría sugiriendo que tales avisos, formulados en un lenguaje supuestamente avalado por la ciencia, por pertenecer no a esta, sino a sus *usos públicos*, ponen en juego unas claves narrativas, retóricas y discursivas que contrastan con su invocado origen *racional*, y denotan el *fondo ritual y religioso* que les subyace. ¿O no es la persistencia del telediario veraniego en su *ceremonial meteorológico* un acto que trasluce la invencible inseguridad del hombre ante los decretos divinos, una forma de apaciguar la voracidad olímpica con el cotidiano *sacrificio* de una información penitencial?

La paradoja de todo esto es que la ciencia *solo* puede contribuir a la salvación de la especie corrompiéndose a sí misma en su proyección periodística, agudizando hasta límites excesivos e, incluso, delirantes el sentido *fatal* de sus diagnósticos. No obstante, esta corrupción y fatalidad, nos pongamos como nos pongamos, es quizá el coste que, en sociedades adelantadas como las nuestras, se debe pagar a fin de preservar, hasta donde sea posible, su supervivencia. Aunque, finalmente, resulte claro que más atormenta el calor por sus *olas y golpes verbales* que por el mercurio.

29. CRIADOS Y SEÑORES

Decía Thomas Carlyle, rugiente panfletista victoriano, que los criados hablan de los señores y los señores, de las cosas.

Esta verdad inmarcesible cobra nueva vida en la actualidad en la sección de *Comentarios*, que ha sido puesta de moda por el periodismo digital. Como se colaban muchos *trolls* en dicha sección, se ha establecido, por motivos de civilidad y decoro, que solo los suscriptores de cada medio puedan cacarear sus opiniones sobre los artículos publicados.

Yo participo a menudo bajo un nombre inventado, con la careta tapándome el rostro, en este baile de máscaras que desenfundan a la primera de cambio, sea para sacar en procesión al autor del artículo, sea para hundirlo en el fango del oprobio. He de decir que le he cogido gusto a desenfundar protegido por el anonimato, y que, saboreada esa droga, no hay mañana en que no husmee la carnaza tomándome un cafetito con la siniestra y escribiendo parabienes y denuestos con la diestra, como un yonqui tirado en cualquier esquina que se mete en vena los paroxismos de opinión más estomagantes.

Usualmente, y deseo describir esto de un modo científico, el cerebro del comentador se llena de súbitas recompensas después de haber perfilado una frase cínica o irónica, es igual, que pone al autor del artículo en su sitio o un elogio que suena al acto condescendiente de un padre aplaudiendo el buen criterio de su hijo, que diga y haga las cosas que su progenitor dice y hace desde tiempo inmemorial.

La sección de *Comentarios* puesta de moda por el periodismo digital constituye, por tanto, un escenario psicológico donde se da cuenta de las pasiones del personal, de las taras de la humanidad, de una manera tan abrupta como diáfana. Allí quedas retratado en la turbamulta de un baile de máscaras que permite delinquir libérrimamente, esto es, evacuar todo lo que se te antoje. Ese sarao en el que las opiniones entran por todos lados y se escabullen en todas las direcciones posibilita que los criados dejen de cuchichear y ganen una voz propia y perfilada... sin dejar de hablar de los señores.

No tiene más misterio semejante excrecencia del periodismo digital. Esto no va de periodismo ciudadano y otras memeces por el estilo. Esto va de lo de siempre: señores que hablan de las cosas, y criados que hablan de los señores. ¿O es que la democracia no es lo sempiterno, pero con pantallas y teclados?

Lo que más me ha sorprendido de este mentidero de nuevo cuño es un fenómeno harto curioso, lleno de ejemplaridad. Entre los concurrentes, se establecen aprobaciones y condenas, y hay incluso reconocimientos del tipo "ya está el de siempre diciendo asnadas". Y en estos reconocimientos que se producen en el subsuelo de las corrientes de opinión, en el mundo subalterno de los que opinan sobre lo que opinan los señores, surgen jerarquías imprevistas. He sido testigo de cómo una máscara bendecía a otra máscara alabando sus maneras finas y educadas a la hora de hacerle ver a un tercero también enmascarado que su estilo como opinante chocaba lamentablemente con las formas prescritas en la hora del té. Este *victorianismo* de los criados, ¿no es una hermosa y adorable imitación de la hora del té de los señores? ¿Y no cabe pensar de estas espontáneas jerarquías que brotan del mundo subalterno de los *Comentarios* que ofrecen a sus exquisitos adalides una sensación aristocrática de sumo deleite y placer mental? Las sociedades democráticas en tiempos digitales han sabido encauzar la desigualdad convirtiéndola en un deporte de masas. "¿Quieres degustar la experiencia de sentirte como un señor? Participa en nuestra sección de *Comentarios* y transfórmate en un opinador investido de autoridad".

Este es el humus, la droga a la que me he vuelto adicto. Aunque, por último, he de reconocer, si pretendo ser sincero conmigo mismo, que andar toda la mañana hablando de los señores entre los criados me ha dejado un regusto de miedo invencible después de que me sucediese algo bochornoso. Terminada un día cualquiera la sesión matutina, apurado el café, sembrada la globo esfera de mis reacciones delicadas o exasperadas a las cacerías, excursiones y demás pasatiempos sociales de la gente encumbrada, de los perfumados opinadores que hablan de las cosas desde sus *penthouses*, me calcé unas zapatillas que hieden, me puse una camiseta amarillenta de tantos lavados, lancé la correa al cuello del perro callejero que tengo como animal de compañía y salí a darme una vuelta por el barrio rumiando para mis adentros cuántas antiguas estirpes se pudren en el cementerio de las aristocracias.

Rabioso y colérico, intenté pensar en las cosas, pero inevitablemente terminé hablando con mi perro de los señores. Hasta que, en esa mañana particularmente inhóspita, errabunda y mortalmente afligida, un caballero con chistera, zapatos de punta, levita y bigotes cuidados con esmero se dirigió hacia mí y, sin mediar palabra, me empezó a dar bastonazos con su bastón de punta plateada, en el que, antes de perder el conocimiento, pude distinguir los símbolos heráldicos de una familia de postín.

30. DECLARACIÓN DE UN EXCIUDADANO

Yo, Fulano de Tal, en el año del Señor de dos mil veintitantos, declaro ante la autoridad competente que he perdido, por mi culpa y solo por mi culpa, mi condición de ciudadano.

Todo sucedió durante las primeras horas de una mañana invernal de aciago recuerdo. Me dirigía, tras una noche sin dormir por la angustia del trámite, a actualizar mi contraseña del DNI electrónico en la Comisaría del barrio del Buen Retiro.

Me situé frente a la máquina habilitada para realizar la gestión. Venía preparado y mentalizado. No en balde, gracias a la pericia de mi enérgica y concienzuda mujer, madre de mis hijos duchos en tareas digitales, tan prolíficos con el móvil como con la higiene personal, había estado repasando una y otra vez el procedimiento. Este venía empaquetado en un pdf accesible en Internet que indicaba los pasos a seguir hasta obtener la anhelada actualización de la contraseña.

Por la noche, como decía, no dormí porque me entrampé mentalmente en la posibilidad de que la huella de mi dedo índice, fuese el de la mano derecha o el de la izquierda, pues según el pdf, ambos podían ser sucesivamente solicitados, no fuese reconocida por la máquina, enviándome al limbo soñado por cualquier delincuente que no quiera cortarse los dedos o quemarse las yemas de estos a fin de no ser reconocido por burocracias policiales y judiciales. Yo, en cambio, lo que deseaba era el reconocimiento digital de mi huella dactilar para poder seguir sintiéndome dentro del sistema y no sufrir la expulsión de este al infierno de los tontos del bote. Esos perdedores que juegan a las cartas llevando escrita en la frente su sentencia de muerte.

El principio no pudo ser más desalentador. Dos viejecitas introducían y reintroducían la contraseña que llevaban escrita en un papelito sin que la máquina expectorase otra respuesta que la de "contraseña no válida". Pude atisbar, mirándolas conmiserativo por encima del hombro, que la contraseña invalidada era solo numérica, cuando el pdf que yo había estudiado durante horas el día anterior decía clarísimamente que debía de ser "alfanumérica". Pobres, pensé con suficiencia para mis adentros, eso os pasa por no venir preparadas.

Acto seguido, embestí el asunto aleccionado por la mala suerte del prójimo y fui siguiendo los pasos solicitados por aquella especie de robot de cuyo buen hacer dependía mi futuro civil. Hasta que, al introducir la contraseña con el mínimo alfanumérico de los doce caracteres, el robot, burlonamente, así lo sentí al menos, vomitó "contraseña no válida". Entonces, me aturullé. Metí a voleo una de recambio que fue aceptada, mas al repetirla en la confirmación, paso final al cénit del reconocimiento digital del ciudadano excelente, no fui capaz de recordar su primera y validada versión, con lo que todo se fue a pique.

Tranquilo, no hagas el zoquete, me dije, reinicia y punto. Volví al umbral de la cueva de Alí Babá y los cuarenta ladrones, allí donde se dirime si seremos o no desterrados de este lado del universo al que hemos puesto el sonoro nombre de Democracia Constitucional, inspiré profundamente, espiré con fingida tranquilidad y me precipité de nuevo a lo más hondo y negro de las fauces que se abrían ante mí. Llegó el momento de poner el dedito en la lucecita roja para ser identificado dactilarmente y así poder pasar a la introducción de la contraseña. Pero ¡ay de mí!, no lo reconocía. Cambié del índice derecho al izquierdo de acuerdo con las instrucciones recibidas. Nada, ni a la de tres, ni por asomo. Reiniciaba, me tiraba una y otra vez a la piscina: no tenía agua. Como un loco que hace lo mismo obsesivamente esperando un resultado alternativo.

Un policía nacional, un tanto mosca por mi aparatosa bajada a los infiernos, me dijo que limpiase el lector de la lucecita roja y que frotase el dedo requerido contra la frente. En esto, las dos viejecitas, cuya desgracia había sido empoderamiento del que suscribe, y que erraban aún por el bucle de su contraseña solo numérica, no alfanumérica, se apiadaron de mí como dos buenas personas y una de ellas me ofreció una toallita húmeda con la que limpiar el dichoso lector. La cogí y a punto estuve de avisarles sobre el error que estaban cometiendo, pero me callé porque soy una mala persona.

Después de pasarme el dedo por la frente incontables veces y frotar el lector con la toallita hasta dejarlo limpio como una patena, constaté el hecho de que toda mi insistencia, incluido el día de entrenamiento y la noche sin dormir, solo había servido para que el robot pasase de la burla a la severidad, y me terminase arrojando a la cara un mensaje escrito en el que se atestiguaba el bloqueo definitivo de cualquier tentativa que pretendiese volver a realizar. Una voz humana completó tan macabro designio apuntando con burocrática frialdad que, una vez que la máquina avisaba del bloqueo definitivo, el ciudadano así desterrado de la democracia constitucional no podría realizar ningún trámite electrónico, ni con el DNIe, ni con Certificado Digital, ni con Cl@ve Permanente, ni con Cl@ve Pin.

Me vi despedido a la estratosfera, flotando en el éter, contemplando la tierra desde una distancia progresivamente creciente hasta desaparecer en la nada, en el vacío, en un agujero negro del que se salía a tinieblas medievales bajo la bota de un rey sinvergüenza y canalla. Y todo por no haber sabido estar a la altura dactilográfica del Decálogo del Ciudadano Excelente.

De manera imprevista, repitiendo la acción solidaria de las dos viejecitas que habían logrado, a punto de la extremaunción, obtener de la máquina una V verde y fosforescente, señal de que su agonía había concluido felizmente, un hada buena, con los brazos en jarras, y la mirada de mi madre cuando acudía a resolver alguno de mis entuertos, me cogió literalmente de un brazo y me hizo acompañarla a una mesa. Me pidió el DNI, fabricó con artes maternales un duplicado y me entregó un papelito con la contraseña aleatoria de mi DNI electrónico. Así, en cuestión de segundos, una brava y resolutiva funcionaria me salvó de la muerte civil.

El problema es que, tras llegar a casa, al abrir el papelito con la contraseña lo rajé por la mitad por puro nerviosismo, haciendo ilegible uno de los doce caracteres. Probé a restaurarla introduciendo la contraseña con un carácter diferente del ordenador cada vez en el hueco que me faltaba. Pero al intento número quinientos, el sistema se bloqueó. Y mi mujer no tiene pinta de querer ser un hada buena.

31. LOS PADRES DORMIDOS

Los padres dormidos son aquellos que no quieren despertar del sueño eterno que los consume y se cuentan historias de hijos para, sedados por la conversación, barruntar la quimera de su paternidad.

En qué consiste la fantasía de ser un padre dormido o durmiente es cosa telúrica que pertenece a los secretos mejor guardados de la especie. Como la crueldad o la lucidez, hablaríamos de un intangible que toca un aspecto insondable del corazón humano.

Los padres duermen mecidos por señales, augurios, indicios, sean fastos o nefastos, como si las estrellas conjurasen el dilema de querer saber quiénes son sus hijos y estos, cual diablos juguetones, se escondiesen tras el astro más astuto y deslumbrante.

La prole no ilumina, deslumbra y, por ello, ciega a los padres, que, para no reconocer la oscuridad de su condición, optan por cerrar los ojos y conversar hasta que la luna les enseña su cara oculta.

Estos progenitores de la opacidad interpuesta entre ellos y su descendencia, que desearían que el cuerpo estremecido del hijo fuese algo más que el reconocimiento de una penumbra, de esa penumbra que aproxima el amor paterno al delirio, que fuese un cuerpo traslúcido a través de cuyos órganos pudiese aventurarse la biología del porvenir, hablan en sueños; conversan, se exaltan, decaen en tristes conjeturas y, al fin, se sosiegan gracias a la fraternidad que los une.

Todo a su alrededor emite señales para cuya interpretación la humanidad aún no ha inventado una poderosa inteligencia. De eso, sobre todo de eso, toman conciencia en sus mortales diálogos, palabras a tumba abierta con las que recorren sus premoniciones sabiendo que indefectiblemente les dirigen al corazón de las tinieblas. Unas veces, sienten que la jungla les responde, que las flechas que les lanzan seres inescrutables se les espetan en la cabeza y abren en sus recalentados cerebros una vía de salvación. Otras, por el contrario, se sumen en la más negra y porfiada desesperación al advertir, en la vida de los hijos, en ese enjambre de avatares en los que se mezclan, como en una madeja inextricable, disposición y circunstancia, un desequilibrio esencial, un perpetuo oscilar entre el cénit de la vocación y el nádir del carácter.

Los hijos de los padres dormidos son emisarios del sueño de estos, flechas lanzadas contra la noche de sus progenitores, gritos, susurros que se clavan en el sentimiento paterno y esclarecen en este la impotencia del educador. Todo lo que envuelve a aquellos despojos del amor incondicional y la sospecha invencible no da ni tan siquiera para uno de esos lenguajes privados que sirven al menos para acunarse en el autoengaño. Y ello porque, en este campo de señales difusas, de emblemas problemáticos, de incógnitas súbitas, no existe una gramática que preserve aquel *estar despierto* tan indispensable. Los padres dormidos hablan para el cuello de su camisa mientras conversan, como en uno de aquellos perturbadores soliloquios del teatro chejoviano.

La noche no concluye y el largo viaje emprendido siembra la tierra paterna de fiebre e insomnio. Aún parlotean poderosos y somnolientos mientras se encaminan a sus rutinas diarias. Pese a la fogosidad de las intervenciones, quitándose uno a otro la palabra sin miramiento durante la madrugada, persisten en buscar una evidencia que permita construir sobre ella algo sólido y permanente. Cómo, de qué manera, pensarían en el caso de despertar del sueño eterno que los consume, poder llegar a querer a los hijos sin miedo ni aprensión. Cómo reconocer en sus zarandeadas existencias un punto de apoyo que nivele la agitada entelequia de quienes acechan el desequilibrio con devoción suicida.

Durante el día, se confiesan, en una falsa vigilia que no pasa de ser un duermevela, todo aquello a lo que regresarán en el sueño, porque claridad y oscuridad han terminado siendo para ellos la misma cadena que los vincula al quimérico desciframiento de lo salido de sus entrañas.

Quizá, como tienen mucho oficio en la evocación de paisajes inciertos, en el artístico manejo de la ambigüedad, en un rapto de lucidez, de esos que no fructifican, pero avivan las llamas del intelecto por breves momentos, entiendan que el hijo y la obra comparten el secreto de un mismo designio. Esa noche, al echarse a dormir y empezar a conversar, la lucidez transitoria vuelve como una flecha de quietud que amansa el ánimo y templa el tenor de los augurios. Nada ni nadie podrá desterrar estos de la tribulación paterna. Pero la obra, junto al hijo, han llegado a intuir los padres del sueño, se sustentan en lo inasequible y, desde esa condición elusiva, que es la condición del arte y la vida, deben asumirse.

32. EL DESTERRADO DEL UNIVERSO

LA CITA de *Wakefield,* de Nathaniel Hawthorne, debería estar al comienzo de este libro. Sin embargo, su carácter misteriosamente arquetípico hace de ella un ensayo con entidad propia, la mejor y más extraña sugerencia de un orden inexorable:

En medio de la aparente confusión de nuestro misterioso mundo, las personas están tan pulcramente adaptadas a un sistema, y los sistemas engarzados entre sí y a un todo que, si una persona se ausenta por un momento, se expone al aterrador riesgo de perder su puesto por siempre, pudiendo llegar a convertirse, como le sucedió a Wakefield, en el Desterrado del Universo.

La orfandad de los padres. Ideas, fábulas y apuntes de un presente proscrito,
de Luis Gonzalo Díez,
se terminó de imprimir y encuadernar en septiembre 2025
en los talleres de Leitzaran Grafikak,
Gudarien Etorbidea, 29; 20140 Andoain (Gipuzkoa).
En su composición, elaborada en el Departamento de Integración
Digital del FCE por Jacqueline Requena González, se utilizaron
tipos Aria Text G2. La edición estuvo al cuidado
de Marta Comesaña Pérez.
La tirada fue de 1000 ejemplares.